SUPERANDO EL DUELO Y LA PÉRDIA

Cómo Manejar el Dolor y el Trauma y Seguir Adelante con tu Vida Después de Perder a Alguien Cercano

DOMINIC ROSE

Índice

Introducción

Felicitaciones por comprar este libro y gracias por hacerlo.

En algún momento de nuestras vidas, tenemos que enfrentarnos a una dura realidad. La realización de nuestra propia mortalidad y la genuina posibilidad de que algún día perderemos a las personas que amamos, a veces antes de lo que pensamos. Aunque en algún lugar muy dentro de nosotros, entendemos que esta preciosa vida que vivimos debe llegar a su fin algún día, nunca podemos estar realmente preparados para perder a las personas que amamos.

Todo el mundo pasa por el proceso de duelo a su manera y no existe un método universal para la curación. Tu proceso de duelo va a ser tan único como tú. Sin embargo, lo único que todos compartimos es el hecho de que nunca estaremos listos para ese fatídico día. Nunca estaremos preparados para perder a las personas que amamos, y cuando sucede, el dolor y la conmoción de la pérdida pueden golpearte tan fuerte que puedes sentir que nunca volverás a estar bien.

Todos luchan para hacer frente a la pérdida de los que aman. ¿Cómo te preparas para decir adiós a aquellos a quienes amas tanto y aquellos sin los que nunca podrías imaginar tu vida? ¿Qué puedes hacer para procesar ese dolor de la manera más saludable posible sin poner en peligro tu salud y bienestar en tu estado devastado? Ahí yace el problema. El duelo y la pérdida son una experiencia angustiosa, y el proceso de curación a veces se siente imposible. Puedes sentir que este dolor persistente se quedará contigo siempre y no tienes idea de cómo ayudarte a ti mismo, y mucho menos ayudar a cualquier otra persona que pueda depender de ti durante este momento difícil.

No hay una solución rápida al problema. No existe una fórmula mágica, ninguna píldora o poción especial que puedas tomar que adormecerá el dolor y te hará sentir mejor acerca de esta terrible pérdida en tu vida. Cuando pierdes a las personas que amas, inevitablemente deja un gran agujero en tu vida donde una vez estuvo su presencia.

Es por eso que he elegido escribir este libro para ayudarte a superar tu dolor. Verás, el duelo no es un proceso que se pueda apresurar. Es un viaje muy doloroso y emotivo, y no es algo que puedas solucionar simplemente viendo uno o dos videos de YouTube. Desafortunadamente, no será tan simple, pero cada paso que leerás en este libro está diseñado para ayudarte a comprender lo que estás pasando. A medida que leas los siguientes capítulos de este libro y sigas los pasos, comprendas que no estás solo en este proceso.

Puedes sentirte así porque te encuentras en uno de los puntos más bajos de tu vida, pero puedes encontrar fuerza en este momento de oscuridad si tienes los mecanismos de afrontamiento adecuados y el apoyo a tu lado.

El duelo es siempre un proceso doloroso con el que lidiar, pero puedo prometerte que las técnicas y los mecanismos de afrontamiento de este libro han sido escritos para ayudarte a sentirte un poco más cómodo con lo incómodo. Este libro será tu guía para cuando aún no estés listo para hablar con nadie sobre tu pérdida. Nadie debería estar solo durante los momentos más dolorosos de tu vida y, con suerte, este libro te ayudará a sentir que no estás solo. Otros amigos y miembros de la familia intentarán ayudarte de la mejor manera que saben. Es cierto que podrían pronunciar frases inútiles como "sé fuerte" o "adelante". No quieren ser hirientes. Simplemente están tratando de ayudar de la única manera que saben. Pero no tienes que "seguir adelante" de tu dolor porque nunca lo harás realmente. Las personas que amas que has perdido serán parte de tu vida para siempre. No serás la única persona que se desliza fácilmente al tiempo presente cuando hablas de ellos porque los que has perdido siempre tendrán una presencia especial en tu vida. Todavía sentirás su presencia, incluso si ya no están físicamente cerca. No te hace raro o extraño, y no significa que estés en negación o que no estés afrontando esa pérdida porque no estás "siguiendo adelante" de la forma en que otras personas creen que deberías hacerlo. No existe tal cosa como dejar atrás a un ser querido que ha tenido un lugar muy especial en tu vida.

Todo lo que estás a punto de aprender en este libro está diseñado para ayudarte a aprender cómo vivir tu vida después del fallecimiento de tu ser querido. El día que recibes la noticia de tu fallecimiento es impensable, pero es posible recoger los pedazos de tu vida. Cuando se trata de lidiar con el duelo y la pérdida, en realidad nunca se avanza.

En cambio, sigues adelante. Tu ser querido siempre será parte de tu vida de alguna manera, siempre y cuando lo recuerdes y pienses en él. Estarán contigo por el resto de tu vida, y habrá momentos en los que sientas su presencia con fuerza. No van a estar presentes de la misma manera que antes, pero estarán presentes en tu vida. Esta nueva forma de vivir sin ellos es algo que puedes aprender a manejar con el tiempo, y es por eso que estás aquí ahora leyendo este libro. Cuando alguien a quien amas muere, no existe tal cosa como seguir adelante, pero sí existe algo llamado vivir de nuevo porque eso es lo que el espíritu humano resistente debe hacer. Nos fortalecemos con cada experiencia, y si estás listo para descubrir cómo vivir tu vida nuevamente y superar este momento doloroso, comencemos.

Hay muchos libros sobre este tema en el mercado, ¡gracias de nuevo por elegir este! Se hizo todo lo posible para garantizar que esté lleno de la mayor cantidad de información útil posible. ¡Por favor, disfruta!

¿Qué Es El Duelo?

El DOLOR de perder a alguien que amamos no se puede describir con palabras. Se siente como si todo tu mundo se estuviera desmoronando. El dolor aplastante en tu pecho es indicativo de que tu corazón se está rompiendo en un millón de pedazos. Se siente como si las lágrimas nunca dejarán de fluir. Todo tu mundo se ha puesto patas arriba, e incluso podrías sentir que nunca volverás a sonreír. Nunca es fácil que un ser querido fallezca, incluso si su muerte es esperada.

Saber que nunca volverás a ver a la persona que amas y saber que tendrás que vivir el resto de tu vida sin esa persona es un sentimiento abrumador. Puede sentirse como una carga demasiado grande para soportar, y es normal sentir que nunca vas a sobrevivir a esta tristeza. El duelo no se limita únicamente a los seres queridos humanos. Muchas personas sienten esta misma sensación de desesperación cuando muere una mascota que era un miembro querido de la familia.

¿Qué es el duelo?

El duelo es una reacción que ocurre cuando alguien a quien amamos o nos preocupamos profundamente muere.

Cuando esto sucede, una gran cantidad de emociones pueden abrumarte. Algunas de estas emociones incluyen sentirse triste, enojado, confundido o asustado. Algunas veces estas emociones vienen una a la vez, y algunas veces pueden ocurrir juntas. El duelo podría incluso hacerte sentir físicamente enfermo, con problemas para comer, dormir o, a veces, respirar. No importa por lo que estés pasando, está bien sentirte como te sientes. Nunca estás solo, y no te equivocas.

La muerte repentina e impactante de un ser querido es quizás la forma de duelo más difícil de superar porque sucedió completamente de la nada. No tuviste tiempo para prepararte y la noticia es un completo shock para tu sistema.

Es absolutamente devastador perder a alguien que amas, y no hay nada que alguien pueda decir o hacer en ese momento que te haga sentir mejor.

Después de que alguien muere, algunas personas pueden sentir la necesidad de estar solas.

Evitan el contacto con el mundo exterior e incluso se alejan de sus amigos y familiares. Algunas personas procesan el duelo de una manera diferente. No quieren estar solos durante este momento difícil y pueden buscar activamente la compañía de amigos y familiares de confianza.

Todo el mundo procesa el duelo de manera diferente. Algunas personas pueden descubrir que se distraen fácilmente durante varias semanas, tal vez incluso llorando de vez en cuando a lo largo del día. Algunas personas incluso pueden tratar de ocultar su dolor para evitar que las personas que los rodean se sientan incómodas, pero esta no es una forma saludable de procesar todas las emociones que sientes. Sean cuales sean las emociones que sientas, es completamente normal. Debes reconocer esa pérdida como parte de tu proceso de recuperación. Podrías sentirte entumecido, o tal vez no sientas nada en absoluto. Algunas personas se sienten completamente destrozadas, incapaces de funcionar durante semanas en su rutina habitual.

Algunas personas enmudecen durante varias semanas como parte de su duelo.

Hay una variedad de formas en que las diferentes personas pueden hacer frente a las emociones que atraviesan, y el proceso de duelo no será el mismo para todos.

Independientemente de cómo te sientas, es esencial reconocer que todo esto es parte de cómo procesas este momento difícil en tu vida.

En algunas etapas durante tu duelo, puedes sentirte culpable. Una parte de ti podría pensar que de alguna manera tienes la culpa de la muerte de la persona. Tal vez fue algo que dijiste o pensaste sobre el difunto lo que desencadena este sentimiento dentro de ti. Pensarás y recordarás muchos momentos que tuviste con tus seres queridos cuando pasen, y algunos de esos recuerdos te harán llorar, mientras que otros pueden hacerte sentir culpable de todos modos. No es culpa tuya que tu ser querido haya muerto, sin importar cómo tus emociones intenten convencerte de lo contrario. El duelo es caótico, desordenado e impredecible.

Nada sobre el proceso es algo para lo que puedas prepararte.

El duelo es un proceso continuo. Incluso cuando crees que estás bien, a veces un recuerdo, un lugar, una vista, un sonido o un olor pueden desencadenar una ola de emociones nuevamente. Esto puede suceder incluso años o décadas después de que una persona haya fallecido. Este proceso de duelo también puede ocurrir cuando has perdido a una mascota querida que era como un miembro de la familia para ti.

Años después del fallecimiento de tu mascota, una fotografía, un recuerdo o incluso el aniversario de la muerte de tu mascota pueden traer de vuelta esas emociones dolorosas. Estas oleadas de emoción que sientes son completamente normales y se desvanecerán después de un tiempo.

Este es un proceso que es extremadamente personal y único.

No hay una forma específica de hacer el duelo, y cada uno tiene que encontrar su propia forma de superar el proceso.

Al mismo tiempo, el proceso del duelo es una paradoja, en la que tienes que encontrar una manera de vivir con la realidad de tu pérdida. El dolor va a ser el agente de cambio en este proceso. Este dolor será el agente que te obligue a adherirte a esta nueva realidad. El dolor es algo con lo que nadie quiere lidiar nunca. Desde una edad temprana, hemos desarrollado defensas y mecanismos de afrontamiento: para protegernos contra este dolor. Los mecanismos de afrontamiento podrían incluir alcohol, trabajar más horas de las que debería, apostar, fumar, sexo, evitar relaciones destructivas y más. Sin embargo, evitar este dolor eventualmente hará más daño que bien.

¿Cómo nos afecta el duelo?

.   .   .

Hay de cinco a siete etapas de duelo que suelen pasar, sin embargo, no todo el mundo pasa a través de las siete etapas.

Todo el mundo experimenta el duelo de manera diferente.

Algunas personas solo pueden experimentar unas cinco etapas, mientras que otros pueden pasar por las siete. Las etapas del duelo son:

- Etapa uno: choque
- Etapa dos: negación
- Etapa tres: dolor
- Etapa cuatro: ira
- Etapa cinco: negociación
- Etapa seis: depresión
- Etapa siete: aceptación

Dado que cada individuo es único, viene como ninguna sorpresa que pasaríamos por estas etapas de maneras muy diferentes. Por ejemplo, tu y tu hermano podrían haber perdido al mismo ser querido, pero ustedes dos pasarían por las etapas de duelo de una manera que es única para ti. Es natural tener momentos altos y bajos durante este proceso.

Mientras estás de duelo, otros pueden brotar frases comunes para aquellos que se enfrentan a una situación tan difícil. Es posible que te digan algo como aguanta, todo estará bien al final, mantente fuerte o mejorarás eventualmente.

Tienen buenas intenciones, pero una persona en duelo rara vez encuentra útiles tales declaraciones. Es posible que estas declaraciones no siempre sean ciertas, pero solo están tratando de consolarlo de la mejor manera que saben. Es difícil saber qué decirle a una persona que ha experimentado una pérdida tan desgarradora.

Hay otros aspectos involucrados en el proceso de duelo que nunca nadie te cuenta. El duelo tiene una manera muy dolorosa de afectarte de formas que probablemente ni siquiera imaginaste.

Sufres por algo más que la persona fallecida: su pérdida te entristece, pero estás de duelo por algo más que el difunto. Su muerte es la fuente más común de su dolor, pero esta pérdida lo afecta de una manera tan intensa porque no es lo único que está afligido. Te afliges por el tiempo que nunca podrás pasar con ellos. Te afliges por todas las cosas que planeaste hacer juntos pero no puedes. Te afliges por la ausencia de esta persona en tu vida. Te afliges por todas las cosas que deseabas haber hecho antes de perderlas. Te afliges por la vida que tienes por delante sin ellos. Te afliges por la pérdida de la relación y el amor que una vez tuviste.

Mantenerse fuerte no es tan fácil como parece: mantenerte fuerte no es tan fácil como parece cuando sientes que tu corazón se está rompiendo en un millón de pedazos.

Mantenerse fuerte solo sucede después de haber atravesado el proceso de duelo correctamente. No te culpes si te resulta difícil mantenerte fuerte durante este momento difícil, aunque varias personas a tu alrededor te hayan alentado a hacerlo. No tienes que hacer nada hasta que hayas experimentado el proceso de duelo en su totalidad. Tal vez en lugar de decir "sé fuerte" estaríamos mucho mejor si la gente nos dijera que está bien no ser fuertes mientras estamos de duelo. Está bien llorar, gritar, tomarse un tiempo libre y está bien sentir que no tiene la fuerza para pasar el día. No tienes que obligarte a hacer nada para lo que no estás preparado. Si te esfuerzas demasiado, puedes hacer que el proceso de duelo sea aún más difícil para ti de lo que normalmente sería.

. . .

El dolor le hará cuestionar ciertas cosas - No todos experimentarán esto, pero para algunas personas, esta es una forma en que el dolor les afecta. Les hace cuestionar ciertas cosas, como por qué tuvo que ocurrir esta tragedia.

Los sentimientos de culpa y arrepentimiento son normales.

Es posible que sientas que podrías haber hecho o dicho algo que podría haber evitado la tragedia. Sentir un sentimiento de culpa no es malo y es una parte normal del proceso de duelo. Sin embargo, se vuelve poco saludable si no aprendes a dejar ir esta culpa con el tiempo.

No hay nada que ganes si eliges aferrarte a esta culpa. No cambiará lo que ha sucedido, no importa cuántas veces decidas culparte por ello.

No todas las heridas van a sanar - El tiempo no necesariamente sanará todas las heridas. Simplemente los calma y hace que sea más fácil para ti pasar el día. Con el tiempo, los días comenzarán a sentirse más fáciles, pero es posible que la herida nunca cicatrice por completo, según la relación que hayas tenido con la persona. Esto esta bien.

Algunas cicatrices nunca se desvanecerán realmente. Es normal estar atormentado por la pérdida y seguir afligido, incluso años después del fallecimiento del ser querido. No tienes que sentirte mal contigo mismo por estar emocionalmente atrapado en el pasado a veces. El trauma y la tragedia nunca desaparecerán por completo.

Explicación de las siete etapas del duelo

Desde el momento en que nos enteramos de que alguien a quien amamos muere, las etapas del duelo comienzan a aparecer. Nuevamente, esto se exhibirá de manera diferente según el individuo. No todo el mundo pasará por las siete fases, y es posible pasar por dos fases simultáneamente.

Comprender las etapas del duelo te ayudará a superar tus emociones y a sobrellevar mejor tu pérdida cuando sepas con lo que estás lidiando. También te preparará para lo que puedes esperar cuando llegue la próxima etapa. Más importante aún, te ayudará a superar mejor cualquier sentimiento de culpa o arrepentimiento que puedas tener problemas para liberar.

Algunas personas pueden encontrarse atrapadas en ciertas etapas del proceso de duelo. Cuando esto sucede, es crucial comprender que el duelo siempre implicará una cierta cantidad de dolor. El dolor es algo que no puedes evitar, aunque hagas todo lo posible por hacerlo. Para recuperarte por completo de tu tragedia, tendrás que trabajar en el dolor, aunque es cierto que será muy difícil.

Etapa uno: Shock - El shock es la primera reacción que la mayoría de la gente tiene, especialmente si la muerte ocurrió repentinamente. Nada puede realmente prepararte para la noticia de la devastadora pérdida. Cuando recibes la noticia del fallecimiento de un ser querido, tu cuerpo entra en estado de shock. Te sientes entumecido e incapaz de procesar nada y se siente como si no pudiera moverse a veces. El entumecimiento es la forma que tiene tu cuerpo de permitirte lidiar con las emociones que es capaz de manejar en ese momento.

. . .

Etapa dos: Negación: esto se verá rápidamente acompañado por el dolor intenso que tanto intenta evitar. La negación sucede porque todavía estás incrédulo ante la repentina ausencia de esta persona. Dependiendo de lo cerca que estuvieran de ti, podrían haber dejado un gran vacío en tu vida, un vacío que no tienes idea de cómo llenar.

La conmoción y la negación son una de las dos etapas del duelo que pueden ocurrir simultáneamente. La negación sucede porque tu mente no puede procesar el horror de esta pérdida, y esta es la forma en que tu mente te protege del dolor que está a punto de invadirte. Algunas personas se niegan a aceptar la noticia de la muerte e incluso pueden optar por creer que alguien que conocen podría estar haciéndoles una broma pesada. La negación puede ser una etapa útil temporal del proceso de duelo para evitar abrumarlos a todos a la vez. Sin embargo, deberás aceptar la realidad en algún momento, y esto incluye aceptar la siguiente gama de emociones dolorosas que seguirán. Si te encuentras atrapado en esta etapa, necesitarás ayuda. Esta ayuda puede provenir de un amigo cercano, un pariente, un terapeuta capacitado o un consejero de duelo.

. . .

Etapa Tres: Dolor - Una vez que emerges de la fase de negación, la siguiente etapa es el dolor. Esta etapa te va a golpear con todo su esplendor. Va a ser muy aplastante y abrumador. Desafortunadamente, algunas personas encontrarán muy tentador en esta etapa adormecer el dolor con alcohol o drogas.

Sin embargo, es fundamental recordar que esta es una etapa necesaria del proceso de duelo. Puede que no lo parezca, pero el dolor te está curando. Te sana y te prepara para trabajar a través de tu culpa. El dolor insoportable por el que atraviesas puede provocar ansiedad y depresión, que es otra etapa de este proceso. El dolor formará parte de tu vida durante todo el proceso de duelo y más allá.

Etapa cuatro: Ira - Una vez que superes el intenso dolor, es posible que experimentes sentimientos de ira. El dolor puede ser abrumador, y ese dolor puede conducir a sentimientos de ira muy poderosos. Esta ira podría estar dirigida hacia los médicos que no pudieron hacer nada más para salvar la vida de tu ser querido. La ira podría dirigirse hacia los amigos o parientes que pensaste que deberían haber estado allí para ti. Incluso podrías sentirte enojado con Dios por quitarte a este ser querido de tu vida cuando aún no estabas listo para perderlo. La verdad es que nunca estarás preparado para perder a las personas que amas. Puede hacer preguntas como por qué tiene que pasar por esto en lugar de otra persona. La ira puede ser otra etapa útil del proceso de duelo porque te da cierta sensación de control.

Después de la etapa anterior, en la que todo lo que sentías era un dolor abrumador, la ira te vuelve a dar cierta sensación de control. Puede ser una salida beneficiosa para tu dolor devastador, siempre y cuando recuerdes no desahogar tu ira en las personas que amas. Ellos también están de duelo, y tienen tanto dolor como tú.

La ira es una etapa que puede durar días, semanas o meses, y es vital durante esta etapa que estés atento a los signos de ira descontrolada. Esto podría ser una señal de que necesitas ayuda.

Etapa cinco: Negociación - Esta etapa puede acompañar a cualquiera de las otras cuatro etapas anteriores mencionadas anteriormente. Por ejemplo, cuando sientes un dolor o una culpa intensa, puedes recurrir a la negociación.

Podrías tratar de negociar con Dios, prometiéndole ser una mejor persona si tan solo salvará la vida de tu ser querido.

. . .

La negociación es una etapa que puede ser particularmente poderosa cuando se tiene un ser querido a quien se le ha diagnosticado algún tipo de enfermedad terminal. Regatear por la vida de tu ser querido ofrece algún tipo de esperanza o un canal para tu dolor. El regateo es una etapa que no le pasa a todo el mundo, y dependería de las circunstancias de la pérdida.

Etapa Seis: Depresión - La depresión y la soledad es la siguiente etapa que sigue. Este es el punto de tu proceso de duelo donde más sientes la pérdida de tu ser querido, especialmente si vivías con él.

La realidad de que ahora tienes que vivir el resto de tus días sin ellos es devastadora y puede conducir rápidamente a la depresión y sentimientos de soledad. La depresión sigue cuando finalmente te das cuenta de que tu ser querido se ha ido y nunca volverá, y puedes sentir sentimientos abrumadores de soledad que solo se suman a tu estado ya deprimido. Tu vida nunca volverá a ser la misma y te sientes completamente solo. Esto puede suceder aunque sepa que tienes otros parientes o amigos a los que todavía quieres. Todo en lo que puedes concentrarte en esta etapa es la pérdida dolorosa que experimentaste. La depresión se instala rápidamente y la vida parece que ya no tiene sentido.

. . .

Los pensamientos de suicidio pueden comenzar a colarse en tu dolor cuando imaginar una vida sin tu ser querido se siente insoportable. La depresión es una reacción normal a una pérdida devastadora. Tan difícil como es pasar por esta etapa, el dolor eventualmente desaparecerá. Esa es la esperanza a la que te puedes aferrar. Con el tiempo, el dolor desaparecerá y volverás a sentirte como antes. Si la depresión empeora en lugar de mejorar, debes buscar ayuda profesional.

Etapa Siete: Aceptación - Esta es la etapa que finalmente quiere alcanzar una vez que hayas superado todas tus emociones dolorosas. Quieres llegar a una etapa de tu vida en la que hayas aceptado la pérdida.

Llegar a esta etapa es un proceso muy lento y doloroso, pero también será la etapa en la que finalmente serás libre y sentirás que puedes seguir adelante con tu vida. Esta es la nueva forma que tomará tu dolor, y esta nueva forma será parte del resto de tu vida. La pérdida de un ser querido es algo de lo que nunca te recuperarás realmente, pero la aceptación es cuando la vida continúa y aprendes a vivir con la pérdida. La aceptación no significa que estés abandonando a tu ser querido, en absoluto. Simplemente significa que has aceptado su muerte como parte de tu vida. La aceptación es una etapa en la que finalmente te das cuenta de que vas a comenzar una nueva vida sin ellos, una nueva vida que celebrarás al ser querido que perdiste pero que nunca olvidarás. Habrá momentos en los que volverás a las etapas anteriores de duelo por un momento o dos, pero estos recordatorios dolorosos que te empujan de vuelta a la desesperación que sentía son una parte normal de la vida. Consuélate con el hecho de que serás lo suficientemente fuerte en esta etapa para lidiar con esos momentos cuando sucedan.

El duelo se ve afectado principalmente por cuatro factores:

La relación que tuviste con ellos: Cuanto más cerca estés de la persona, más profundamente sentirás esa pérdida. Otros factores incluyen cuánto tiempo los conocía y su participación en tu vida. El duelo es más doloroso cuando involucra a un miembro de la familia porque ha sido un elemento tan importante en tu vida que no puedes imaginar una vida sin él. Cuanto más significativa es la relación, mayor es el dolor.

La manera en que tu haces frente: Algunas personas manejan las emociones dolorosas mucho mejor que otras.

. . .

Algunas personas pueden necesitar ayuda para sobrellevar la situación, mientras que otras pueden arreglárselas por sí mismas. Realmente depende de ti y de tu resiliencia emocional.

Tu personalidad: La forma en que manejas tu dolor puede verse afectada por tu personalidad. Depende de si eres introvertido o extrovertido, si eres alguien muy nervioso o fácil de llevar, o si eres el tipo de persona que acepta sus problemas o huye de ellos. Los extrovertidos pueden ser un poco mejores para sobrellevar la situación que los introvertidos, ya que los extrovertidos buscan comodidad y energía al estar cerca de otras personas. Es menos probable que un introvertido busque compañía, incluso cuando estás de duelo, porque has estado acostumbrado a hacer la mayoría de las cosas solo.

Las experiencias de vida que has tenido: Cuantas más experiencias de vida tengas relacionadas con el dolor, mejor preparado estarás para pasar por eso la próxima vez que suceda. La pérdida que experimentamos por nuestro pasado hace que sea más fácil hacer frente a la pérdida en el presente.

. . .

Conocer las etapas del duelo puede ser útil porque le da la sensación de que no estás solo. Otros han pasado por este mismo proceso y han sobrevivido. Esto significa que tú también sobrevivirás, incluso si no lo sientes en este momento. Comprender las etapas del duelo te ayudará si alguna vez te encuentras en una situación en la que necesitas consolar a otra persona y ayudarla a superar su dolor.

Cada paso del proceso de duelo tiene un significado, y cuando pasas por estas etapas, su objetivo es trabajar en cada una de estas etapas y procesar adecuadamente todo lo que viene con la etapa antes de finalmente pasar a la aceptación. Esta es la única forma en que podrá seguir adelante con tu vida de manera efectiva.

Esto No Es Tu Culpa

A medida que avanzas en este proceso, es importante que no se vuelva contra ti mismo. No vuelvas el dolor de esta pérdida en tu contra reflexionando sobre sentimientos de culpa y arrepentimiento. Debes recordarte a ti mismo que nada de esto es tu culpa de ninguna manera. Sabes que hiciste todo lo posible por salvar o ayudar a tu ser querido de la mejor manera que sabías, y eso es todo lo que puedes pedir. Lo último que necesitas durante este proceso ya difícil es volverte contra ti mismo. No es necesario que te castigues por algo que no se puede cambiar.

Sé compasivo contigo mismo y sé amable contigo mismo.

Apóyate en las personas más cercanas a ti para que te apoyen. Todavía tienes amigos, familiares y otros seres queridos que te importan. Ellos también se preocupan por ti y te van a apoyar de cualquier manera que puedan para hacer este proceso más fácil. Lo más importante que necesitas cuando muere un ser querido es el amor y el apoyo de otras personas en tu vida. Puede que no reemplaces el amor de la persona que ha muerto, pero sigue siendo el amor que necesitas para sostenerte y darte fortaleza en tu dolor. Estás destrozado y tratando de dar sentido a algo que no puedes entender. Una de las complejidades del duelo es cómo este dolor te conecta con la persona que murió, y puedes sentir que la estás abandonando cuando el dolor ya no duele tanto. No tienes que sentirte culpable por reír o encontrar la felicidad de nuevo. Se te permite sentir ambas emociones. Puedes permitirte sentir ese dolor, pero al mismo tiempo, puedes darte permiso para sentirte normal otra vez. Está bien buscar consuelo y felicidad en tu vida una vez más.

. . .

Resumen

El duelo es un proceso, no una tarea. La investigación muestra que no son las circunstancias de la muerte las que predecirán un resultado negativo o positivo para cualquier individuo. Es el apoyo que reciben durante este período desafiante después de que ha ocurrido la muerte.

Este es el componente clave para reconstruir con éxito tu vida después de la pérdida. Este apoyo podría venir de muchas formas diferentes. Podría provenir de un grupo de apoyo de pares al que te unas para hablar sobre tus sentimientos. Podría ser por hablar con amigos y familiares. El duelo es aislado y solitario, y debes acercarte y conectarte con las personas en las que puedes confiar para que te ayuden a superarlo. El duelo por la muerte de un ser querido es una emoción que te consume todo, y es esencial cuidarse mientras comienzas a superar el dolor. Siempre extrañarás y amarás a las personas que perdiste, pero la intensidad y la sensación abrumadora del dolor cambiarán gradualmente a medida que pasen los días y los años. Date todo el tiempo que necesites para trabajar en este proceso.

Te ayudará si recuerdas que el duelo es un proceso natural y orgánico del que tu no estás a cargo. Necesitas dejar que el tiempo sane la herida abierta que sientes, aunque suene como un consejo que es completamente inútil cuando sientes tanta tristeza. Lo único que puedes hacer es encontrar una manera de navegar ese proceso hasta que tu dolor comience a disminuir con cada día que pasa.

2

¿Cómo Se Expresa El Duelo?

PUEDE SER difícil hablar de la pérdida de un ser querido, incluso años después de su fallecimiento. Un estadounidense, autor de best-sellers, una vez escribió una línea de apertura muy poderosa en su libro en el que hablaba de la observación de un duelo. "Nadie me dijo nunca que el dolor se parecía mucho al miedo". Esta es una declaración convincente. El duelo puede sentirse como miedo, pero ¿miedo a qué? Bueno, cuando el dolor y la pérdida te golpean, tienes miedo de perderte a ti mismo, aunque no estés pensando en eso en ese momento. Tienes miedo de estar solo y nunca poder llenar ese hueco que dejaron en tu vida. Si pierdes a tu cónyuge o pareja, es posible que temas envejecer solo.

. . .

Tienes miedo de que este dolor tan intenso que sientes no vaya a parar nunca. Tienes miedo de no volver a encontrar la felicidad nunca más. Tienes miedo de olvidarlos, la forma en que olían, la forma en que se movían, el sonido de su voz y todos los pequeños matices que amabas de ellos.

Tienes miedo de que otros se olviden de tu ser querido. El duelo puede ser una emoción muy interesante, muy poderosa y muy complicada. Puede hacerte sentir aislado, aterrorizado, deprimido, solo, dañado y temeroso de todo.

Los Efectos Del Duelo

El duelo es una emoción y un proceso que se expresa física, emocional, social y espiritualmente. Vas a pasar por mucho, especialmente si la pérdida fue repentina. La mayoría de nosotros, que no hemos tenido que lidiar con el dolor, ni siquiera podemos comenzar a comprender lo que se debe sentir al tener a la persona que amas aquí un minuto y luego desaparecer al siguiente sin previo aviso. Cuando estamos de duelo, estamos sufriendo. A veces parece imposible tener que lidiar con todos estos pensamientos y emociones abrumadores que se precipitaron sobre ti como un maremoto debido al evento traumático por el que pasaste. Cuando estamos de duelo, no nos sentimos como nosotros mismos en absoluto. A veces nos sentimos desconectados, fuera de sí, casi como si estuviéramos flotando fuera de nuestros cuerpos. Emocional, física y psicológicamente, tu mente y tu cuerpo van a pasar por mucho.

Echemos un vistazo más profundo a cómo el proceso de duelo puede afectarte de las siguientes maneras:

Los Efectos Físicos Del Duelo

El dolor en tu pecho será la evidencia física más obvia de que tu corazón sufre por la pérdida. Estás literalmente sintiendo ese dolor en tu pecho porque el dolor es lo suficientemente intenso como para causar una reacción física en tu cuerpo. Los efectos físicos del duelo a menudo incluyen llanto, opresión en el pecho, dolores de cabeza, disminución del apetito, problemas para dormir, debilidad, fatiga, dolores y otras experiencias relacionadas con el estrés. A nivel físico, cada fibra, músculo y tejido de tu cuerpo está absorbiendo esta pérdida. Estás lleno de dolores y molestias en tu cuerpo porque te ha impactado profundamente la pérdida que experimentaste. Algunas veces, incluso puedes tener síntomas similares a los de la gripe debido a la falta de sueño y la mala alimentación durante este tiempo.

Cuando atraviesas el proceso de duelo y no procesas tus emociones adecuadamente, puedes provocar una enfermedad física. Es por eso que debes trabajar a través del proceso de duelo hasta llegar a la etapa final de aceptación.

Se siente como si hubiera sido fragmentado como un rompecabezas, y tu cuerpo no se siente como el tuyo propio.

Cuando bloqueas estas emociones porque ya no quieres lidiar con el dolor, ese dolor no desaparecerá por sí solo.

Cuando te duele pero no procesas tus emociones de manera adecuada, puede provocar muchos problemas relacionados con el corazón, presión arterial alta debido al enorme estrés que sientes, ataques cardíacos, colesterol alto, problemas respiratorios y mucho más. Llevamos nuestro duelo donde llevamos nuestro estrés en la vida, lo que explica por qué serás propenso a frecuentes dolores de cabeza durante las diferentes etapas de tu proceso de duelo.

· · ·

Los Efectos Sociales Del Duelo

Cuando estás pasando por un período difícil en tu vida, puedes sentir que no hay nadie que te entienda. Puedes creer que nadie puede comprender la tristeza y el dolor que sientes. No te sientes como tú mismo, y lo último que quieres hacer es socializar o conectarte con otros mientras superas tu duelo. Los efectos sociales del duelo pueden incluir sentirse separado de los demás, aislarse, limitar su contacto con los demás o comportarse de maneras que no son normales para ti. Todo esto es completamente normal porque lo que ha sucedido pondrá tu mundo patas arriba.

No te sentirás como tú mismo durante varias semanas y, a veces, conseguir un poco de espacio y algo de tiempo a solas puede ser algo que necesites mientras trabajas en este proceso. Una vez más, esto no va a ser igual para todos.

Algunas personas pueden sentir la necesidad de acercarse a los demás más que nunca mientras hacen la difícil tran-sición y reconstruyen sus vidas.

. . .

Los Efectos Espirituales Del Duelo

Los efectos espirituales del duelo pueden ser complicados.

Podría incluir cuestionar el motivo de tu pérdida, el significado de la vida y la muerte, cuestionar por qué tuvo que soportar el dolor de esta pérdida. Esta vez también puede resultar en ira contra Dios. Te preguntas por qué tu pérdida tiene que ser increíblemente dolorosa, y si tu ser querido estaba enfermo y sufriendo, podrías preguntarte por qué todavía te sientes tan enojado con Dios por quitártelo.

Si finalmente están libres del sufrimiento de este mundo, ¿no deberías estar feliz por ellos? Sabes que están en un lugar mejor y luego comienzas a sentirte culpable porque todavía deseas que estuvieran aquí contigo. Se siente como si la corriente de amor que ha estado corriendo durante toda tu vida se hubiera secado.

Los Efectos Emocionales Del Duelo

. . .

Los efectos emocionales del duelo incluyen sentimientos de tristeza y dolor profundo acompañados de sentimientos de preocupación, ansiedad, frustración, arrepentimiento, ira o culpa también son típicos. Durante este proceso, puedes sentirte como si estuvieras experimentando todas las emociones imaginables a la vez. Te golpeará fuerte y podrías sentir que te han derribado. Vas a tener dificultades para ponerte de pie de nuevo porque te sientes paralizado por estas emociones. Te sentirás como si el llanto nunca fuera a parar y, nuevamente, esta es una parte completamente normal del proceso. Se supone que el duelo y la pérdida son muy dolorosos, a veces, incluso emociones terriblemente dolorosas.

El proceso de duelo estará lleno de estas emociones tumultuosas porque no se trata de lidiar solo con la pérdida.

También se trata de hacer frente al cambio. Hacer frente al tipo de cambio que se produce acerca de la pérdida tomará mucho tiempo. La pérdida de un ser querido es un evento que cambia la vida, y con cada ser querido que pierdes, el ciclo comenzará de nuevo. Tan difícil como es, esto es una parte de la vida. Nunca debes tratar de esconder tu pena en un lugar donde no tengas que lidiar con ella porque es algo de lo que no puedes huir. El duelo formará parte de tu vida en algún momento u otro, por lo tanto, es crucial aprender a sobrellevarlo. De lo contrario, siempre te sentirás como un proceso demasiado difícil de soportar.

Lidiando Con Tus Emociones

No hay una forma correcta o incorrecta de afrontar la pérdida de un ser querido. Cuando estás arruinado, sentirte roto es la respuesta correcta. Cuando sientes dolor, debes sentirlo. Ser consciente de las emociones que pueden acompañar al duelo es beneficioso. Si no nos ocupamos de estas emociones y no las controlamos, pueden salirse de control.

No tengas miedo de tu dolor. Necesitas dejarlo entrar y dejar que el dolor siga su curso. Luchar contra él, negarlo, resentirlo y huir de él no impedirá que el dolor se manifieste en otros aspectos de tu vida. Si hay algo que puede esperar, es esto. El proceso de duelo va a ser duro. Cuando está de duelo, puede resultarte difícil aferrarse a lo que es. Gran parte de tu energía se centra en la pérdida de tu ser querido, y es fácil dejarte atrapar por el espacio mental donde ya no puedes recordar quién eres tu.

· · ·

Para lidiar con tus emociones de manera efectiva, primero deberás reconocer que tu dolor existe. Tomarte un momento para concentrarte en nosotros mismos y en nuestros pensamientos a través de la meditación consciente es una excelente manera de conectar nuestras mentes y cuerpos y ser más conscientes de nuestros pensamientos y emociones. A menudo, la sensación de perder el control sobre nuestros pensamientos puede ser tan estresante como las situaciones a las que nos enfrentamos.

Recuperar el control y sentir que tiene el control de cómo tu mente y tu cuerpo responden y reaccionan a las cosas que enfrenta te ayudará a minimizar gradualmente el dolor que sientes a medida que supera las etapas del duelo.

Cuando estás pasando por un duelo, es fácil olvidar las cosas que solía hacer como parte de tu rutina, y así es como puedes consumir tu angustia. Aquí es cuando no comemos, dormimos, no nos duchamos, quizás incluso salir de la cama se siente como una tarea imposible. Cuando descuida su salud física, su salud mental se verá igualmente afectada, y ya está recibiendo un golpe bastante fuerte en este momento.

A pesar de lo difícil que es este momento para ti, debes dejar entrar el dolor. Necesitas procesar tus emociones, que es la única forma en que puedes cuidarte a ti mismo. Ignora lo que la sociedad te dice acerca de reprimir tus emociones porque ese consejo es incorrecto. Si eliges seguir ese consejo, en lugar de aprender a manejar las emociones de una manera saludable, está aprendiendo a reprimirlas oa no hablar de ellas en absoluto. Frases como "estarás bien", "supéralo", "pon cara de valiente" son muy comunes y conducen a un resultado. La incapacidad de manejar adecuadamente tus emociones, y mucho menos dominarlas.

Nos hemos vuelto tan condicionados para pensar en ser emocional como un signo de debilidad.

Que sea inaceptable mostrar emociones en público y hablar de ello públicamente hace que algunas personas se sientan incómodas. Olvida ese consejo. Acabas de perder a alguien que amas, y puedes sentir todo lo que quieras sentir.

Grita, grita, déjalo salir, pero lo único que no debes hacer es guardarlo todo dentro.

La vida no es perfecta, y siempre habrá altas y bajas, sin importar si eres rico o pobre. Es cuando luchamos a través de los desafíos y algunas de las partes más difíciles de la vida, como experimentar el dolor y la pérdida, que aprendemos y crecemos. Así es como nos convertimos en una mejor y más fuerte versión de nosotros mismos.

Un famoso dijo una vez esto: "La herida es donde entra la luz". Que maravillosa y profunda cita. Esencialmente, lo que esta cita nos dice es que de la oscuridad sale la luz.

Imagínate como un jardín, actualmente lleno de tierra húmeda y oscura. Es de este suelo de aspecto desagradable que las hermosas flores comienzan a florecer y crecer. Tu duelo es como la tierra, es un momento oscuro y muy doloroso de tu vida. Sin embargo, de esta oscuridad florecerá una versión hermosa y más fuerte de ti mismo, una persona que encuentra fuerza en sus momentos más oscuros.

Cuando estás lidiando con el duelo y la pérdida, estás emocionalmente cargado. Estás lidiando con la tristeza, la miseria, la ira, el estrés, el dolor, la frustración y toda una serie de otras emociones. Experimenta una amplia gama de emociones en un corto período de tiempo, y puede ser muy abrumador si no sabes cómo liberar algunas de estas emociones muy dolorosas de manera saludable. Las emociones son volátiles, cambian constantemente según las situaciones en las que nos encontremos y los factores que desencadenan ciertas respuestas. La lógica y la razón se van por la ventana cuando se involucran emociones intensas. El problema es que si no aprendes a procesar estas emociones ahora, corres el riesgo de llevar el equipaje emocional contigo en el futuro. Puede que no pienses en ello en este momento, pero el equipaje emocional siempre estará ahí, agobiándote. No pensarás tanto en ello, pero ciertamente sentirás las implicaciones de las emociones no procesadas. Tu futuro no puede ser mejor si sigues estancado emocionalmente en el pasado. La mayoría de las personas no se dan cuenta de lo importante que es trabajar con sus emociones a medida que ocurren porque las emociones no son algo en lo que pensamos conscientemente. La mayor parte está sucediendo de forma subconsciente en el fondo de nuestras mentes. Peor aún, muchas personas intentarán suprimir sus emociones porque no se siente bien vivir con estos sentimientos tan dolorosos o confrontarlos.

Por difíciles que sean, necesitamos emociones, dolorosas o no.

Nuestras emociones existen para hacernos saber que está ocurriendo un cambio en nuestro entorno inmediato o en nosotros. A veces nos alerta de que podría estar ocurriendo un cambio dentro de ambos. Nuestras emociones nos proporcionan la información que necesitamos sobre lo que estamos experimentando y cómo debemos responder a ello.

Imagina que tus emociones se apagaran y no sintieras nada.

¿Cómo sabrías qué sentir cuando hay peligro presente?

¿O para consolar a un ser querido cuando lo ves molesto?

Claro, es más fácil ignorarlo, esconderlo debajo de la alfombra o tratar de reprimirlo, pero no es saludable. Ni siquiera un poquito.

Ahora, aquí hay algo que debes comprender acerca de las emociones dolorosas que sientes durante el duelo. La pérdida que experimente será parte de tu pasado. No puedes retroceder en el tiempo para cambiar lo que sucedió, no importa cuánto desees hacerlo. No puedes retroceder y reescribir la historia o cambiar los eventos que sucedieron.

. . .

Cuando un evento ocurre en nuestra vida, creamos una historia o una interpretación de ese evento. La historia y la interpretación que creas es donde yacen tus emociones.

Aquí es donde reside el dolor, la ira, la culpa, la frustración y la miseria que sientes. Todas esas emociones están fuertemente conectadas con la historia que creas en tu mente sobre ese evento específico. Verás, nada en la vida tiene ningún tipo de significado excepto el significado que elegimos atribuirle. Nuestro cerebro siempre está tratando de crear significado para dar sentido a lo que ha sucedido.

En otras palabras, cuando algo está pasando en tu entorno, tu cerebro se pone a trabajar tratando de interpretar lo que está pasando. Si ese desencadenante se percibe como una amenaza, tu cuerpo entra en el modo de respuesta de lucha o huida, y las hormonas del estrés como la adrenalina y el cortisol se bombean a tu sistema. Lo que sigue son emociones como la ansiedad, el miedo o, en algunos casos, la ira. Esto te llevará a elegir entre dos opciones. O te mantienes firme y enfrentas tu miedo, o corres.

. . .

Esto significa que tenemos una opción. Incluso cuando estamos lidiando con algunas de las emociones más dolorosas con las que nos hemos enfrentado en nuestras vidas, podemos elegir las historias que creas en tu vida. Cuando eliges sanar por completo tus heridas emocionales, creas posibilidades de esperanza para el futuro.

Creas esperanza de que todo volverá a estar bien a pesar de la ausencia de tu ser querido.

Ejercicios prácticos para liberar estas emociones dolorosas

¿Cómo procesas y liberas estas emociones dolorosas? Con los ejercicios prácticos a continuación:

Ríndete y deja ir - Dejar ir suena como algo que es más fácil decirlo que hacerlo, pero puede ser engañosamente efectivo para ayudarte a superar tus emociones dolorosas. La técnica de dejar ir fue creada por un doctor en medicina y filosofía estadounidense quién también fue director del instituto para la investigación espiritual, autor de varios libros. Uno de esos libros se enfoca en el camino de la rendición y cómo dejar ir. Todo lo que tienes que hacer con este ejercicio es permitir que la emoción surja y dejar que se asiente allí por un tiempo. No tienes que tratar de cambiarlo, reprimirlo o juzgarlo. Todo lo que tienes que hacer es dejar que la emoción suba a la superficie y dejar que sea. Después de varios momentos, deja ir la emoción.

Entrégate y libera esa emoción. Imagina que la emoción era como uno de esos barcos de papel que solías doblar cuando eras niño.

Toma esa emoción en tus manos, mírala por un momento, déjala ser y luego imagina que estás colocando ese bote en una corriente de agua y observa cómo se aleja flotando. Así es como te entregas y liberas tus emociones. Déjalo flotar, como tu pequeño bote en la corriente.

Cuando surja una emoción, obsérvala y luego déjala ser. Cada vez que notes la emoción, anótala y reflexiona sobre el nivel de intensidad con el que experimentas esa emoción hoy. Por ejemplo, si la emoción de tu elección para hoy es la miseria, mantenla vigilada durante todo el día. ¿Con qué frecuencia sucedió? ¿Fue el sentimiento fuerte e intenso?

Cuanto más detallado sea, más atención requerirá de ti para concentrarte adecuadamente en describir tus emociones con la mayor precisión posible.

. . .

Las emociones van y vienen, y las cosas siempre están cambiando. La única forma en que una emoción desagradable o difícil puede persistir y continuar causándole angustia es si tu lo permites. Es fácil olvidar que este sentimiento pasará, especialmente cuando estás en una turbulencia emocional duradera, pero esto es cuando más se necesita la atención plena. Para recordarte que todo lo que debes hacer es capear la tormenta, y eventualmente terminará.

Imagina que tu cuerpo fuera una casa, y las emociones desagradables que sientes durante este tiempo de duelo son las personas que están llamando a tu puerta. Personas con las que no quieres tratar en este momento, pero cuanto más intentas ignorarlas, más persistentes se vuelven. En lugar de hacer todo lo posible por ignorarlos, el enfoque de aprender a dejarse llevar te pide que abras la puerta, los invites a pasar, les prepares una taza de té, te sientes con ellos un rato y luego, con amor, despidiéndote de esas emociones mientras haces todo lo demás.

El ejercicio de relajación muscular progresiva - Esta técnica de relajación requiere que te concentres en tensar lentamente cada grupo de músculos. A través de esta técnica, te ayuda a estar más enfocado en la diferencia entre relajación y tensión muscular.

Comienzas tensando y relajando los músculos de los dedos de los pies y luego avanzas sistemáticamente hasta el cuello y finalmente hasta la cabeza. También puedes comenzar desde la cabeza hasta los dedos de los pies, tensando los músculos durante cinco segundos y luego relajarte durante treinta segundos. De esta manera, puedes volverte más consciente de las sensaciones físicas.

Concéntrate en inhalar y exhalar profundamente. Cada vez que exhales, concéntrate en liberar un área muscular de tu cuerpo.

Por ejemplo, inhala profundamente y, al exhalar, afloja el músculo en el área del hombro a medida que el aire sale de tu cuerpo. Toma otra inspiración profunda y, al exhalar, relaja los brazos hasta los dedos. Repite el proceso y recorre todas las zonas de tu cuerpo donde te sientas tenso, relajando progresivamente tus músculos a lo largo del camino.

Esto también se conoce como la meditación de escaneo corporal porque incluso puedes realizar este ejercicio mientras estás meditando. Esta meditación se enfoca en escanear tu propio cuerpo para liberar las áreas de tensión. Esta meditación tiene como objetivo notar la tensión en el cuerpo y permite liberar el estrés.

Durante esta sesión de meditación, generalmente comienzas en un extremo del cuerpo y avanzas a lo largo. Puedes comenzar con los pies y avanzar hacia arriba, o con la cabeza y avanzar hacia abajo. Con esta meditación, tensas y relajas cada músculo de tu cuerpo de manera consciente, y también te animas a visualizar situaciones pacíficas.

La relajación muscular progresiva puede ayudarte a promover sentimientos generalizados de relajación y calma, lo que puede ayudarte a llegar al final de tu proceso de duelo. Aprenderás cómo relajar tu cuerpo de manera lenta y constante y también te ayudará a dormir mejor.

Respiración holotrópica - La respiración holotrópica está destinada a brindarte el espacio que necesitas para dejar que tus emociones afloren a la superficie. Tus emociones necesitan surgir para que puedan ser liberadas de tu cuerpo. Esta es una forma de ayudar a tu cuerpo a sanar de cualquier emoción no procesada que pueda estar debajo de la superficie.

Con este ejercicio, te vas a sentar en la misma posición que si estuvieras meditando. También puedes optar por acostarte y hacer esto si te sientes más cómodo. Entonces cerrarías los ojos y te concentrarías en la respiración circular.

Forma la forma de la letra "O" con los labios y respira profundamente mientras coloca ambas palmas de las manos en el área del estómago. Sigue haciendo esto durante el tiempo que necesites. Podrías hacerlo durante treinta minutos, sesenta minutos, incluso noventa minutos si sientes que lo necesitas. Hazlo durante el tiempo que necesites hasta que empieces a sentirte mejor emocionalmente.

Mientras realizas esta respiración holotrópica, no intentes suprimir ninguna emoción que pueda surgir. Si lloras mientras haces esto, no importa. Desahogate. Deja que los sentimientos vayan y vengan. Es posible que no siempre tengas una gran liberación emocional cuando realizas esta técnica, pero déjalo que suceda si lo haces.

· · ·

Aprende a tomarlo día a día - Despiértate cada mañana y dite a ti mismo: "Lo tomaré un día a la vez". Los tiempos tristes vendrán y se irán. Cada vez que te sientes abrumado por la tristeza y la depresión que sientes por tu trágica pérdida. Recuérdate a ti mismo que esta tormenta pasará.

No existe una cura mágica, ninguna fórmula que vaya a eliminar tu depresión de la noche a la mañana. La mejor técnica de recuperación con la que puedes comenzar es tomar las cosas un día a la vez. No trates de hacer demasiado, demasiado pronto. Date un respiro y recuerda que algunas cosas toman tiempo. Tómalo un día a la vez y recuerda, si no tienes éxito hoy, siempre lo tendrás mañana.

Esta oscuridad no durará para siempre, no cuando sigues luchando cada día para volver a ver la luz.

Practica la gratitud - No será fácil, pero si le das a tu mente algo más en que enfocarse que no sea el inmenso dolor que sientes, así mejorarás día a día. Despierta cada mañana y encuentra algo por lo que estar agradecido. Usa esto como tu ancla para guiarte durante el resto del día.

. . .

Cada vez que sientas que tus pensamientos comienzan a sacar lo mejor de ti, regresa a tu razón para estar agradecido hoy y concéntrate en eso hasta que te sientas mejor.

Repite tu razón a lo largo del día como un recordatorio de que hay al menos una cosa en tu vida por la que todavía estás agradecido, incluso en tus momentos más oscuros. Un ejemplo de algo por lo que estar agradecido es el apoyo de otros seres queridos y amigos que están a tu lado durante este momento difícil. Encuentra algo, lo que sea, que te dé una razón para levantarte cada mañana y seguir adelante.

Concéntrate en uno para comenzar y aumenta gradualmente a medida que comiences a sentirte mejor.

Auto Vocalización Emotiva (ESV) - La mayoría de la gente te diría que debes estar loco si hablas contigo mismo.

¿Pero te diste cuenta de que estás hablando contigo mismo de todos modos? Tienes sesiones de monólogo interno a lo largo del día desde que te levantas por la mañana. No lo notamos porque la voz en nuestra cabeza puede ser confusa a menos que nos esté criticando. Entonces se convierte en el crítico interno que no necesitamos en nuestras vidas.

El monólogo interior que tienes contigo mismo a diario está siempre en segundo plano, lleno de pensamientos repetitivos, juicios y autocrítica la mayor parte del tiempo. Nuestro monólogo interno es el responsable de afectar nuestros hábitos, emociones, comportamientos y cómo nos sentimos durante el día.

Si tienes un episodio en el que tus emociones parecen oscilar de un extremo al siguiente, probablemente se deba al monólogo interior que estaba pasando. Simplemente no le estabas prestando atención en ese momento.

Con ESV, quieres vocalizar los pensamientos que sientes.

Por ejemplo, si te sientes particularmente triste hoy, pregúntate en voz alta: "¿Cómo me siento en este momento?

. . .

¿Cuál es la emoción que siento? ¿Cómo estoy? ¿Qué siento al respecto?" Responde las preguntas como si alguien más te las estuviera preguntando. Vocalizando tus pensamientos y las emociones te darán una claridad inesperada porque tus pensamientos no serán todos confusos y desordenados o aplastados juntos dentro de tu mente. Esto te da espacio para respirar y finalmente liberar algunos de los pensamientos que has tenido desde el fallecimiento de tu ser querido.

Resumen

Trabajar a través de tus emociones es algo de lo que solo tú puedes responsabilizarte. Tus seres queridos y amigos pueden estar allí para apoyarte, pero en última instancia, no hay mucho que puedan hacer para ayudarte.

Todavía necesitas encontrar una manera de ayudarte a ti mismo a salir de tu proceso de duelo, y eso comienza asumiendo la responsabilidad y liberando tus emociones. Si reprimes todas esas emociones, entonces el dolor solo continuará manifestándose en los aspectos físicos, emocionales y sociales de tu vida a menos que hagas algo al respecto. No tienes que apresurar el proceso, pero debes aceptar que este es algo de lo que no puedes huir, sin importar cuánto lo desees.

3

La Curación Y El Proceso De Afrontamiento

LA REALIDAD ES que te afligirás para siempre. No superarás la pérdida de un ser querido, aprenderás a vivir con ella.

Sanarás y te reconstruirás en torno a la pérdida que has sufrido. Volverás a estar completo, pero nunca serás el mismo. Ni deberías ser el mismo ni querrías serlo.

Ten paciencia porque no hay una solución rápida. Perder a la persona que amas es un proceso difícil. Ciertamente se siente como si los hubiera perdido, pero nunca se pierden realmente porque siguen siendo una parte permanente de tu vida. Nada de lo que puedas hacer en tu vida te preparará para ese día inevitable en el que tendrás que decir adiós.

Todo lo que hayas aprendido antes sobre cómo lidiar con que te rompan el corazón no te ayudará cuando se trata de duelo es porque el duelo es un tipo diferente de dolor. A pesar de ser un proceso inevitable de la vida, nunca nos enseñaron cómo hacer el duelo correctamente.

El día que pierdas a la persona que amas cambiará tu vida para siempre. ¿Cómo te curas de algo así? La primera vez que lidiamos con el duelo es cuando nos damos cuenta de lo ingenuos que éramos. Pensamos que podíamos anticipar cómo sería el proceso, pero nada podría acercarse a prepararlo para ello. Sentirte fuerte se siente como algo imposible de hacer en este momento, y eso esta muy bien. El proceso de curación y afrontamiento vendrá en una etapa mucho más tardía. Por ahora, todo lo que necesitas saber son los pasos que te prepararán cuando llegue el momento de sanar.

Los pasos que te indicarán la mejor manera de recuperarte de tan doloroso evento.

. . .

Necesitas Cuidarte A Ti Mismo

Durante el proceso de duelo, debes cuidarte. Tómate el tiempo para estar atento a tus necesidades mentales, físicas y emocionales. El proceso de curación y el cuidado de ti mismo no tienen que sentirse forzados, y tampoco necesariamente tiene que ser solo meditación o yoga.

El cuidado personal durante el proceso de duelo se trata de honrar el dolor que se siente bien ahora. Se trata de tratar de trabajar esa estrategia de autocuidado en el proceso de duelo y permitir que suceda simultáneamente.

Estos son algunos ejemplos de lo que podrías hacer:

Explora la naturaleza - Los estudios han demostrado que estar al aire libre en la naturaleza puede hacer maravillas cuando se trata de minimizar el estrés y la presión que sientes. No tienes que caminar si no te apetece. Si el clima lo permite, siéntate afuera bajo el cálido sol y deja que el aire fresco te rodee. Cierra los ojos y escucha los sonidos de la naturaleza por un minuto, permite que tu mente esté libre y quieta, y no pienses en nada más excepto en lo que puedes escuchar. Si tienes una bicicleta, ve a dar un paseo en bicicleta afuera. Te estás moviendo más rápido y yendo más lejos, y podría ser una forma de distraerte por un rato mientras prestas atención a la carretera.

Toma el teléfono y llama a un amigo - La forma número uno de cuidar tu salud mental es recurrir a la comodidad de un amigo. Si todavía no te sientes listo para ningún contacto físico, levanta el teléfono y deja que la voz de alguien a quien amas y te importa llene tus oídos y tu alma.

Incluso podrías enviarles un mensaje de texto si eso es todo para lo que te sientes preparado.

El proceso de duelo depende totalmente de ti y de lo que creas que funciona mejor. Pregúntales si puedes desahogar tus sentimientos por un momento, o si no tienes ganas de hablar, déjalos que hablen preguntándoles sobre su día.

Siempre que tu mente sienta que no puede más, habla con alguien sobre eso. El desorden que sientes mentalmente resulta de todos los pensamientos y emociones que has aplastado allí arriba sin un lugar a donde ir. Esto es perfectamente normal porque probablemente pasaste los primeros días o semanas después de que tu ser querido falleciera afligido solo por él. Tus emociones están arriba y abajo y por todas partes, y cada vez que sientas que la carga es demasiado para llevarla solo, acércate y habla con alguien al respecto. Deja que estas emociones se vayan sacándote las cosas del pecho. Habla de ello porque se siente mejor sabiendo que no estás solo y que tienes personas que se preocupan por ti. Hablar de ello con alguien en quien confía podría incluso traer un beneficio adicional. Tienes la oportunidad de pensar en soluciones y terminará. Sentirte mucho mejor al final de ese compañerismo de corazón a corazón es clave, y debes buscar el apoyo de personas seguras que no te juzguen ni te digan cómo hacer el duelo.

Busca una salida creativa - Una de las mejores salidas creativas a las que puedes recurrir es la música. La música es curativa para muchas personas. Enciende cualquier tipo de música que te apetezca escuchar. Algunas personas encuentran que la música clásica es relajante y útil.

Tal vez tengas ganas de escuchar algo de música que te enoje para dejar ir algo de esa ira y frustración que sientes.

. . .

Escribir en un diario - Escribir y hacer un diario son tácticas probadas y verdaderas que muchos han encontrado beneficiosas a lo largo de los años. Algunas personas encuentran consuelo en escribir un diario a tu ser querido que ha fallecido, derramando tu corazón y alma y todo lo que les gustaría poder decirles. En última instancia, el propósito de este diario es ayudarte a expresar tus emociones y tus pensamientos en lugar de tenerlos embotellados dentro de tu cabeza. Si no te sientes cómodo expresando tu dolor a nadie más, entonces un diario es una excelente opción para ti. Saca tus pensamientos de tu cabeza y ponlos en una hoja de papel o en un cuaderno.

Escribir un diario es una excelente manera de ayudarte a mantenerte en el camino correcto hacia la recuperación.

Escribir un diario promueve un estado de atención porque cuando escribes todo lo que estás sintiendo, estás conociendo tus pensamientos y prestándoles atención. En lugar de dejar que tu mente divague y que tus pensamientos se salgan de control, escribirlos en un diario de respuestas lo obligará a enfocarlos, especialmente cuando te haces preguntas en el diario y luego intentas responderlas.

. . .

Leer todo lo que has leído más adelante desde una perspectiva objetiva es una forma de fomentar la bondad hacia ti mismo. Sin duda, habría sido demasiado duro contigo mismo durante este momento difícil, y probablemente no te diste cuenta hasta que reflexionaste sobre lo que escribiste durante los puntos álgidos de tu duelo. Un diario puede ser extremadamente efectivo porque se siente más ligero después de "descargarte" de ti mismo, de la misma manera que te sientes mejor después de hablar con un amigo. Expresar tus emociones, especialmente las cosas con las que quizás no te sientes cómodo revelando a los demás por el momento, se sabe que reduce y disminuye los niveles de ansiedad y estrés. Incluso si el único que ve el diario eres tú, simplemente te sientes mejor si lo revelas todo.

Lee o mira algo divertido - No tiene nada de malo encontrar una razón para reír de nuevo. Permítete dejar de lado el duelo por un tiempo, no te obsesiones con la pérdida por más tiempo del necesario. Está bien tomarte un descanso, trabajar, reír y divertirte cuando se pueda.

Cuando estás de duelo, se encuentra en lo más profundo de algunas de las emociones más oscuras de tu vida. Si esta es tu primera experiencia con la pérdida, entonces es probablemente uno de los días más sombríos con los que has tenido que lidiar hasta este momento. Cada vez que necesites distraerte, pon tu programa de televisión favorito o una película divertida como una distracción. Permítete perderte en lo que estás viendo y ríete de nuevo.

Nada es más simple o efectivo e instantáneamente te hace sentir mejor y mejor es desembarazarte de algunas de esas emociones estresantes. Ríete y recuerda que está bien reír mucho. Estar rodeado de personas que te hagan amar, mirar tus comedias o películas favoritas, ver especiales de comedia, cualquier cosa que te haga reír de una manera genuina y despreocupada.

Prueba y suspiré - Toma una respiración profunda y suelta el mayor suspiro que puedas. Has eso tantas veces como lo necesites. La respiración es uno de los muchos ejercicios subestimados que pueden ser extremadamente beneficiosos para ayudar a liberar algunas de esas emociones reprimidas. Ese gran suspiro gigante traerá una cierta sensación de alivio. Mientras suspiras, imagina que cada emoción tensa y estresante que sientes ahora está exhalando fuera de tu cuerpo. Te sorprenderás con lo mucho mejor que te sentirás después de hacer esto un par de veces.

· · ·

Crea Un Ritual Para Honrar A Los Que Han Fallecido

La culpa es una de las emociones más poderosas con las que muchas personas luchan cuando se trata de la recuperación del duelo. Creen que al sanar y no llorar tanto por sus seres queridos, de alguna manera los han "abandonado" o "olvidado" de ellos. Para ayudarte a superar esta etapa, puedes crear rituales que honren a las personas que has perdido. Continúen con las pequeñas tradiciones que solían disfrutar haciendo juntos. No tienes que parar solo porque ya no están. Si le encantaba ver películas contigo todos los sábados por la noche, mantén ese pequeño ritual y podrías invitar a un amigo o familiar si te parece demasiado estar solo en este momento.

Simplifica Tu Vida

Sucederán muchas cosas dentro de ti durante el proceso de duelo, y lo último que necesitas es tener desorden físico en tu entorno externo. Cuando ya estás luchando por pasar el día sin romper a llorar, es esencial que hagas lo que puedas para que tu vida sea lo más simple posible.

. . . .

En otras palabras, debes ordenar tu vida, eliminar todo lo que sea innecesario y evitar tomar decisiones difíciles por el momento. Esto no es algo que debas hacer solo si te sientes abrumado. La limpieza es un proceso que se puede realizar con la ayuda de un amigo. Cuando alguien a quien amamos muere, algunas personas pueden pasar por un proceso conocido como "acumulación de duelo".

El acaparamiento de duelo ocurre cuando tratamos de aferrarnos a los elementos que solían pertenecer a la persona que perdimos, y el acaparamiento se produce cuando no sabemos qué desechar.

Relájate, no tienes que hacer todo en un solo día.

Decidir qué conservar y de qué deshacerse es un desafío, y esto no es algo que debas abordar de inmediato si aún no estás preparado para hacerlo. Pero en algún momento, parte del proceso de curación implicará algo de limpieza. Al simplificar nuestras vidas, nos permitimos cortar los lazos con apegos materiales adicionales y cultivar una mente más tranquila y pacífica.

Simplifica tu vida y las cosas que haces. Eliminar el desorden físico de tu vida es un excelente lugar para comenzar, pero simplificar las cosas que haces se extiende a tu vida social, horario de trabajo y todas las demás tareas diarias en las que generalmente te encuentras ocupado. Simplifica el desorden en tu agenda haciendo una lista de tus compromisos y luego eligiendo algunos de los más importantes para hacer en un día. Evita abarrotar y programar los compromisos uno tras otro. Permite un respiro y tiempo para ti mismo en el medio para procesar tus emociones.

Este debe ser tu enfoque durante las primeras semanas iniciales de perder a tu ser querido. Tratar de mantenerte ocupado para evitar el dolor de tener que enfrentar estas emociones nunca será un enfoque saludable. En tu intento de estar ocupado, podría terminar complicando tu vida y creando aún más estrés con el que lidiar.

El propósito de este ejercicio de limpieza es darte esa sensación de equilibrio y darte tiempo para recuperar la fuerza.

Encontrar Aceptación

. . .

El duelo puede ser aún más difícil cuando tratas de reprimir y reprimir todas esas emociones que no quieres sentir. Tu corazón se está rompiendo por la pérdida devastadora, y te sentirás como si nunca fueras a sonreír de nuevo. No tienes que hacerlo de inmediato, puedes tomarte tu tiempo para llegar a la etapa de aceptación. Varias veces a lo largo del camino, a medida que atraviesas las etapas del duelo, es posible que experimentes cierta sensación de incredulidad.

No puedes creer que esto haya sucedido, especialmente si la muerte de tu ser querido fue repentina e impactante.

La aceptación es la finalización del viaje que tuviste con tu ser querido. Has caminado con ellos durante un período de tu vida, y ahora es el momento de continuar caminando por el camino de la vida sin ellos. Tal vez es algo para lo que no te sientes preparado o algo que no quieres hacer, pero de cualquier manera, es tu nueva realidad.

Si sigues luchando, el proceso de recuperación será mucho más difícil. Llora por eso, grita por eso, grita y déjalo salir, pero debes aceptarlo. Se sentirá como si el viaje que emprendiste con tu ser querido se interrumpió, pero recuerda que tu ser querido nunca se irá realmente de tu lado. Siempre ocuparán un lugar muy especial en tu corazón. Caminaste con ellos por un tiempo, y ahora es el momento de cerrar ese capítulo y pasar a la siguiente etapa.

Una vez que hayas alcanzado la aceptación, el cuchillo que sentiste como si hubiera sido apuñalado en tu pecho cuando perdiste a la persona que amas comenzará a retroceder lentamente.

Resumen

El duelo es una reacción normal y natural a la pérdida de cualquier tipo. El duelo sucede en tu corazón, pero los pedazos rotos de tu corazón se repararán de nuevo algún día. Ten fe en que el duelo lleva a la sanación y al crecimiento personal. Reconoce y honra el proceso de curación por lo que es, y no luches contra las emociones que sentirás durante este tiempo. Si alguna vez te encuentras en un estado en el que te sientes "atascado", recuerda que está bien buscar ayuda. A todos les vendría bien una mano amiga de vez en cuando, y este podría ser el momento en que necesites comunicarte con alguien para que te ayude en el proceso.

La conclusión es que debes hacer lo que sea necesario para no rendirte. Volverás a sentirte como antes, y es solo cuestión de tiempo. Por ahora, lo que debes hacer es ser paciente y tener fe, seguir los pasos y pasar por esta etapa por etapa, y finalmente, llegará esa etapa final de aceptación.

4

Cuidar De Ti Mismo

ACÉPTATE, ámate y sigue adelante. Si quieres volar, tienes que renunciar a lo que te pesa.

El proceso de duelo puede ser agotador, surrealista y confuso. Puede dejarte sintiéndote total y absolutamente perdido. Puedes pensar que comprendes el dolor, pero cuando lo atraviesas, te das cuenta de que tal vez no lo entendiste tan bien como esperabas. Por un lado, probablemente no tenías idea de que el dolor del duelo puede ser tan físico que parece que podría matarte. No tenías idea de que todo el dolor que sentirías podría ser más abrumador que la tristeza. No había manera de que pudieras anticipar que experimentar la pérdida de un ser querido podría hacerte sentir como un extraño en tu propia casa. No tenías idea de que podría hacerte sentir aislado de la persona que eras o que podrías sentirte desconectado de las personas más cercanas a ti. Simplemente no teníamos idea de cuán poderoso podría ser este sentimiento de dolor.

Cuando estás de duelo por una pérdida importante, no se puede enfatizar lo suficiente cómo no tienes que pasar por este proceso solo, es normal que necesites ayuda para salir de la oscuridad. En un momento crucial como este, quizás necesites un poco de ayuda para recordarte que no debes descuidarte. De hecho, este es el momento en el que debes cuidarte más que nunca.

Sé Paciente Contigo Mismo

No te abrumes en tu dolor. El dolor es un proceso que es muy desorientador y agotador. Probablemente no te vas a sentir como tú mismo durante varias semanas, según la rapidez con la que superes las etapas de tu duelo y el apoyo que tengas. Sé gentil y amable, y mantén tus expectativas realistas. No escuches lo que otros te dicen que creen que debes hacer. Haces lo que se siente bien para ti. Habrá momentos en los que experimentes frustración porque el progreso hacia la recuperación parece lento, o puedes sentirte frustrado con las personas que te rodean porque no te brindan la ayuda de la manera que deseas o esperas.

. . .

Ten paciencia porque superar el duelo va a llevar tiempo.

Debes ser paciente contigo mismo y, eventualmente, lo lograrás.

En cuanto a las personas que te rodean, ten paciencia con ellas también porque están aprendiendo, al igual que tú, sobre lo que pueden hacer para ayudar. Incluso las heridas físicas tardan en sanar. Sé paciente contigo mismo en cada paso del camino y confía en el proceso. Eventualmente llegarás allí, y mantener tus expectativas realistas durante este tiempo es la forma en que cuidas tu salud mental.

Sé amable, compasivo y gentil contigo mismo. Has pasado por una experiencia que ha dejado una herida profunda en tu corazón y necesitarás una voz interior empática y compasiva que te ayude a superar el proceso.

No tienes que tomar ninguna decisión o elección importante

Estarás exhausto y no estarás en el estado de ánimo

adecuado para tomar ningún tipo de decisión. Si no te sientes con ganas de hacerlo, no tienes que hacerlo. No hay absolutamente ninguna presión, excepto la que puedes estar ejerciendo sobre ti mismo. Por eso es importante ser amable y realista. La última cosa que necesitas es crear aún más estrés con una situación ya estresante.

Date un poco de espacio y algo de tiempo para llorar

No tienes que fingir que no sientes mucho dolor. No tienes que fingir que todo está bien porque no está bien.

Nunca va a estar bien perder a las personas que amamos.

Date todo el tiempo y el espacio que necesites para hacer el duelo adecuadamente, y no tendrás que hacer nada para lo que no estés preparado. Esto es parte del proceso de autocuidado del que hablamos en el capítulo anterior. Dándote este tiempo y espacio, aquí es cuando debes intentar escribir en tu diario. Este es uno de los muchos rituales que puedes crear para ayudarte a atravesar este período.

Date Permiso

. . .

Está bien dejar de lado el proceso de duelo por un tiempo.

Puedes permitirte hacer eso sin tener que sentirte mal.

Necesitas hacer cosas para hacerte feliz. De lo contrario, esas emociones oscuras y negativas pueden llevarte rápidamente al camino de la depresión. Está bien trabajar, encontrar algo de tiempo para relajarte, comenzar a divertirte nuevamente con tus amigos y familiares y sobre todo, está bien reírte y encontrar alegría en las pequeñas cosas de la vida una vez más.

La vida continúa, y puedes estar seguro de que tu ser querido tampoco querría que fuera miserable por el resto de tu vida. Querría que volvieras a ser feliz, y si alguna vez te sientes abrumado por la culpa, piensa todo sobre eso.

Absolutamente necesitarás momentos en los que necesites tomar un descanso de todo el llanto por un rato para recargar tus baterías. Superar las etapas del duelo es un camino largo y lento, y necesitarás toda la energía que puedas obtener.

Busca El Apoyo De Personas Seguras

"Gente segura" es la frase clave en este paso. Necesitas rodearte de personas que no te juzguen ni te critiquen. Las personas seguras en tu vida podrían ser tus amigos y familiares o un consejero de duelo si sientes que necesitas un poco más de ayuda de la que tu círculo de apoyo puede ofrecerte en este momento.

Encuentra apoyo y busca consuelo en las personas que saben escuchar con empatía sin tratar de decir lo que piensan que te ayudará a salir del apuro. Busca consuelo en las personas con la capacidad de escuchar con compasión y demostrar bondad por la difícil situación de los demás.

Las habilidades de escucha empática pueden parecer algo fácil de encontrar entre amigos y familiares, pero nada más lejos de la realidad. Principalmente, el desafío radica en el hecho de que a la mayoría de las personas les resulta difícil no dejar que las nociones preconcebidas o los prejuicios nublen tus juicios. Mucha gente prefiere hablar sobre lo que es interesante o beneficioso para ellos. Ser capaz de escuchar por completo la difícil situación de otro sin nada para ti, es un acto desinteresado y, a menudo, es incluso más difícil de dominar que tus habilidades básicas de escucha. Requiere que literalmente camines una milla en los zapatos de la persona experimentando cada emoción que son. Tienes la oportunidad de sentir tu felicidad, tristeza, angustia, alegría, miseria, los desafíos que enfrentan, casi como si tú también fueras el que está atravesando tu viaje.

A menudo encontrarás que los que han sufrido una pérdida similar serán las personas con las que le resulte más fácil hablar. Está bien buscar un consejero o ayuda profesional si sientes que tu círculo inmediato no está equipado con el tipo de apoyo que necesitas en este momento.

Encuentra cosas por las que estar agradecido

Una cosa que tendrás que aceptar es que tu vida se volverá loca por un tiempo. Salir de él no es una opción, más o menos de la misma manera que desear que el dolor desaparezca no cambiará nada.

Cuando se trata del proceso de duelo, no hay atajos a través del dolor. Tienes que trabajar gradualmente en el proceso, y será increíblemente útil si puedes encontrar pequeñas cosas por las que estar agradecido todos los días.

Por ejemplo, puedes sentirte agradecido todos los días por la familia y los amigos que todavía tienes a tu alrededor. No hay nada que te recuerde cuánto tienes que estar agradecido, como conectarte con las personas que amas. Estos son los que te hacen sentir seguro, protegido y comprendido.

Conectarte con tus seres queridos es un calmante natural para el estrés tanto para la mente como para el cuerpo. Es posible que no puedan solucionar su estrés por completo, pero estar en su compañía, hablar de algo más que sus preocupaciones, tal vez incluso reírse y pasar un buen rato, puede eliminar todos los pensamientos desagradables que estabas luchando por deshacerte.

Sentirte agradecido por las pequeñas cosas que tienes todos los días es la forma en que restaura tu fe en que el dolor finalmente te llevará a la curación. A pesar del sufrimiento, todavía queda mucho en tu vida por lo que estar agradecido. Agradece que te hayas despertado saludable esta mañana. Agradece que tienes que trabajar de manera segura. Estar agradecido de tener los medios para comprar comida y bebida cuando tenías hambre. Sé agradecido por otro día productivo en el trabajo.

Pasa cada momento de vigilia agradeciendo todas las pequeñas cosas en tu vida, especialmente las cosas que tendemos a pasar por alto. Recordarte a ti mismo que debes estar agradecido es un ejercicio que te ayudará a restaurar tu fe y sacudir las emociones negativas. Te ralentiza lo suficiente como para detenerte y apreciar lo que te estabas recordando a ti mismo para estar agradecido.

Maneja Tus Emociones Negativas

Las emociones negativas pueden hacerte sentir desesperanzado. Mientras estas emociones y pensamientos negativos continúen en tu mente, la esperanza siempre será algo escurridizo y difícil de encontrar. Durante tu duelo, puede ser fácil desarrollar rápidamente una mentalidad negativa porque muchos de los pensamientos subconscientes que tenemos suceden en piloto automático. No estamos pensando en ello tanto como deberíamos. Ignoramos cuán destructivos y dañinos pueden ser estos pensamientos hasta que nos despertamos una mañana y nos preguntamos cómo nos volvimos tan negativos.

Creer que tus pensamientos negativos son verdaderos sin desafiarlos es cómo desarrollas gradualmente una mentalidad negativa que puede ser difícil de cambiar. Sentirás que tus pensamientos giran en espiral hacia lo negativo aún más cuando estés trabajando en el proceso de duelo.

Parte de cuidarte durante este tiempo será rodearte de todo el material positivo que puedas. Por ejemplo, podrías usar afirmaciones positivas y leer o escuchar contenido inspirador y edificante. Las afirmaciones positivas se subestimaron durante mucho tiempo hasta que la investigación sugirió que son poderosas herramientas útiles que podrían disminuir significativamente el estrés y ayudarlo a sentirse positivo consigo mismo. Es una de las muchas técnicas que utilizan las personas exitosas para alejar su pensamiento de la negatividad y permanecer enfocados en sus metas.

Apunta al contenido que te ayudará a poner una sonrisa en tu rostro. Apunta a afirmaciones positivas que te recuerden que de lo que eres capaz puede ser empoderador.

. . .

Usar Visualización

La visualización es un método de afrontamiento que utiliza imágenes visuales para aliviar el dolor durante los períodos de aislamiento. La visualización es un método de empoderamiento que puede motivarlo a mantenerse en el camino. Es un excelente "ejercicio de fortalecimiento de la mente" para dirigir su subconsciente hacia lo que desea. Este proceso se trata de crear a propósito una imagen mental clara como el cristal en tu mente de lo que quieres que se manifieste en tu realidad.

Visualízate sintiéndote feliz de nuevo en el futuro, incluso sin la presencia física de tu ser querido. Imagínate pasando por tus días más fuerte y más feliz. Visualiza los momentos que solías compartir con tu ser querido y sonríe cuando lo hagas mientras te sumerges en el recuerdo de la vida que una vez compartiste.

Las pistas de meditación guiada me parecen muy útiles para lograr la atención plena. Si deseas intentarlo, te recomiendo las pistas de meditación guiada de "el código de la bioenergía" para ayudarte a eliminar la negatividad para que puedas manifestar lo que quieras en la vida.

Reconocer la relación entre la mente y el cuerpo

Tu salud física importa tanto como la salud mental. La mente y el cuerpo están conectados como una unidad, y lo que afecta a uno indudablemente afectará al otro. Tan pronto como estés preparado para ello, tómate un tiempo para incluir el ejercicio en tu rutina de recuperación. No tiene que ser nada demasiado vigoroso para empezar. Algo tan simple como salir a caminar es suficiente para facilitarte el proceso.

Los ejercicios ayudan no solo a elevar tu estado de ánimo, sino que a medida que tu cuerpo se vuelve más saludable y en forma, tus niveles de energía aumentarán y descubrirás que puedes lograr mucho más en un día. El ejercicio también ayuda a aumentar tus niveles de endorfinas, lo que te permite sentirte bien y sentirte feliz. El ejercicio es una forma de liberar cualquier frustración o estrés que puedas tener para que no esté reprimido dentro de ti.

· · ·

Aquellos que entrenan regularmente podrán probar cuánto mejor se sienten después de haber hecho un entrenamiento.

A medida que superes las etapas de tu duelo, confía en el ejercicio como una excelente herramienta que puede ayudarte a aprender cómo manejar tu estrés y liberar y dejar ir cualquier estrés actual que puedas estar cargando contigo.

Comprender las interacciones de los demás

Las personas en tu vida que se están acercando a ti no están tratando de lastimarte. Se sienten tan perdidos como tú y, a veces, no saben qué es lo correcto que pueden decir. Eso es porque nunca habrá una "cosa correcta" que decir cuando estás lidiando con la pérdida de un ser querido. Por mucho que su familia y amigos lo amen, también tienen miedo de decir algo incorrecto en este momento que pueda desencadenar ciertas emociones dentro de usted. Tienen miedo de tus sentimientos ya que no todo el mundo se va a sentir cómodo con la idea de hablar de la muerte.

La muerte no es un tema fácil de discutir en ningún contexto, y cuando se trata de alguien vulnerable y con mucho dolor en este momento, la muerte puede ser un tema aún más complicado de tratar.

No es que tus seres queridos no quieran ayudarte, porque lo quieren. Si pudieran quitarte el dolor, puedes estar seguro de que lo harían. A veces, las cosas que dicen pueden parecer insensibles, pero tienen buenas intenciones detrás, aunque no resulte así.

Resumen

Cuando te sientas perdido, pregúntate: "¿Qué debo hacer para cuidarme en este momento?" Cada paso de este capítulo está destinado a servir como una guía para ayudarte a comenzar el proceso de autocuidado. No importa qué es lo que decidas que necesitas para ayudarte a sentirte mejor, es esencial seguir adelante. Hazlo porque de ello dependerá tu autocuidado y tu recuperación.

5

El Poder De La Gratitud

DISFRUTA DE LAS PEQUEÑAS COSAS, porque algún día mirarás hacia atrás y te darás cuenta de que eran las cosas grandes.

La gratitud y el dar gracias se encuentran entre las cosas más poderosas que puedes practicar. Si puedes aferrarte a la gratitud incluso en los momentos más oscuros y más bajos de la vida, puede ayudarte a superar cualquier cosa. No es ningún secreto que la gratitud es la respuesta a la felicidad duradera, y las personas más felices que jamás conocerás serán aquellas que caminan con la gratitud rezumando por cada poro. Sabrás quiénes son porque siempre estarán hablando del poder de la gratitud.

. . .

La gratitud es el sentimiento de ser bendecido. Es la capacidad de apreciar las cosas que ya tienes en lugar de centrarte en lo que te falta.

Esa gratitud impulsa a quienes son agradecidos todos los días, y así es como continúan atrayendo aún más cosas buenas a tu vida. Si piensas en todas las cosas por las que tienes que estar agradecido, la mayoría de las veces será por las cosas que el dinero no puede comprar. Agradecimiento por la amorosa familia con la que has sido bendecido, por ejemplo. Gratitud por los amigos y las personas en tu vida que amas y te preocupas profundamente. Aprecio por tu buena salud y bienestar, y gratitud por la salud mental que te mantiene fuerte cuando enfrentas desafíos monumentales aquí, todavía de pie, y todavía fuerte, y esto es algo por lo que estar agradecido todos los días. Gratitud por la fuerza interior que no sabías que tenías al superar el dolor que sientes por el duelo y la pérdida.

Esas son el tipo de bendiciones que abarcan de qué se trata la gratitud. No se trata de dinero todo el tiempo. El dinero no dura para siempre porque viene y se va. La gratitud es una de las emociones positivas más sanas que podemos sentir como persona. Aquellos que siempre están agradecidos todos los días, de alguna manera parecen ser más resistentes al estrés, y hay una muy buena razón para ello. La gratitud no solo te recuerda activamente las cosas por las que tienes que estar agradecido, sino que cuando te recuerdas activamente todas las buenas experiencias que tienes en tu vida. Ayuda a magnificar los pensamientos positivos, y pronto, los pensamientos positivos eventualmente serán lo suficientemente fuertes como para dominar las emociones negativas y tóxicas.

Gratitud Durante El Duelo

Cuando estés de duelo, parecerá imposible que puedas atravesar el otro lado. En algún lugar de tu mente, sabes que llegarás a ese punto algún día, pero puede parecerte insoportable durante ese período pico de duelo. Todo tu mundo se ha puesto patas arriba, y probablemente lo último que pasa por tu mente es encontrar la voluntad de estar agradecido cada día. ¿Cómo te sientes agradecido cuando acabas de perder a alguien que amas? Ni siquiera puedes imaginar estar agradecido cuando estás en un dolor tan profundo e inmenso. ¿Cómo piensas siquiera en la gratitud en un momento como este? ¿Pueden realmente ser compatibles el dolor y la gratitud? ¿O es la gratitud algo que viene después de haber pasado la etapa de aceptación?

. . .

No va a ser fácil, y esa es la verdad. Probablemente será una de las cosas más difíciles que tienes que hacer, y requerirá un esfuerzo consciente cada día. Se necesitará mucha determinación y fuerza de voluntad para encontrar algo bueno a lo que aferrarse cada día para sentirte agradecido. Comenzará con una sola cosa, e incluso eso se sentirá difícil. Eventualmente, a medida que comiences a sanar y alcances la etapa de aceptación, aumentará de una cosa a dos cosas, luego a tres, cuatro, cinco y más.

Piensa en lo que tu ser querido querría para ti.

¿Querrían que vivieras en la miseria, llorando su pérdida por el resto de tu vida? ¿O querrían que estuvieras agradecido y feliz y que siguieras con tu vida con una sonrisa? Sí, el dolor que sientes en este momento es increíblemente poderoso, pero también lo es tu determinación para superarlo. El poder de la gratitud será la fuerza que te ayude a superar esta tormenta de una manera que nada más lo hará. Tu familia y amigos pueden hacer todo lo posible para animarte, y si no tienes esa pasión que crea la gratitud, la negatividad siempre te hará volver a su redil.

La gratitud es algo que sucede ahora, y sucede todos los días. No es algo que sucede después, y no es algo que sucede cuando las cosas van bien en tu vida. Practicar la gratitud durante el duelo puede ayudarte a sobrellevar esas emociones dolorosas. La investigación muestra que aquellos que practican la gratitud todo el tiempo se sienten mucho menos solos y aislados que aquellos que no practican la gratitud en absoluto. Tenían más compasión por sí mismos y por los demás. Aquellos que practican la gratitud regularmente encontrarán que es un poco más fácil mitigar todas las emociones que vienen con el proceso de duelo.

La capacidad de expresar gratitud todos los días es algo que requiere trabajo. Durante el proceso de duelo, requerirá aún más trabajo. Hemos sido entrenados durante la mayor parte de nuestras vidas para ver los problemas más que las soluciones, los aspectos negativos en lugar de los positivos.

Nos enfocamos en lo que falta, lo que no es lo suficientemente bueno, en lugar de tomarnos el tiempo para apreciar todo lo bueno que tenemos. Terminamos siendo más críticos que agradecidos.

Cuando estás de duelo, necesitas gratitud más que nunca.

. . .

La capacidad de estar agradecido es una fuerza tan poderosa que puede ayudar a bloquear algunas de esas fuertes emociones negativas que experimentará durante el proceso de duelo. Emociones como el resentimiento y el arrepentimiento son solo algunas de las muchas emociones que inundarán tu mente y tu cuerpo durante el proceso de duelo, y sin gratitud, es fácil caer en espiral por la madriguera del conejo. En cierto modo, entrar en ese espacio de estar agradecido cada día te dará un respiro de las muchas emociones que tendrás que superar.

La gratitud te ayuda a reconfigurar tu cerebro para el pensamiento positivo, y alguien que practica constante-mente el pensamiento positivo es alguien que puede recu-perarse mucho más rápido de cualquier adversidad en la vida.

Aquellos que practican la gratitud nunca tendrán que preguntarse si habrá una luz al final de este oscuro túnel de pérdida.

Eso es porque saben con certeza que la luz los está esperando del otro lado. Todo lo que tienen que hacer es hacer el viaje a través de este túnel.

· · ·

La Gratitud Te Da El Poder Que Buscas

La gratitud todos los días te dará una sensación de intervención. Será el arma secreta que te proporcionará poder en un momento que puede parecer impotente. Cuando estás de duelo, eres vulnerable y puedes sentir que te sucederán muchas cosas en ese momento que no puedes controlar. Puede que no tengas el control, pero hay algo que sí tienes. Tienes una opción. Practicar la gratitud significa que estás ejerciendo ese poder de elección.

Es una buena idea anotar tus bendiciones en una lista para que puedas sacarla cada vez que necesites un recordatorio de lo afortunado que eres. Cuando la vida se interpone en el camino con sus interminables obstáculos y curvas inesperadas, es fácil quedar atrapado en la mentalidad de "por qué siempre yo" y olvidar que tiene más razones para sonreír que para fruncir el ceño, a pesar de los desafíos que puedas enfrentar de ti ahora mismo. Los tiempos difíciles nunca duran mucho, y cuando recuerdas todo por lo que debes estar agradecido y practicas la gratitud todos los días, podrás capear cualquier tormenta sin perder tu felicidad en el proceso.

. . .

Un emperador del imperio romano compartió una perla de sabiduría con nosotros: "Cuando te despiertes todos los días, recuerda el precioso regalo y el privilegio de estar vivo". Este es un pensamiento increíblemente profundo y por el que no muchos de nosotros recordamos estar agradecidos. Estar vivo es algo increíble, y cada nuevo día trae consigo la oportunidad de elegir hacer algo mejor con tu vida. Para tomar las decisiones que alimenten su enfoque y brinden mayor claridad en la búsqueda para lograr tus objetivos. Él no fue el único en reconocer el increíble poder detrás de este pensamiento. Cuando recuerdas el regalo que es estar vivo, ser fuerte, saludable y en control de tu destino, eligiendo enfocarte en las cosas esenciales que trae mayor felicidad y propósito a tu vida se convierte en la opción obvia a tomar.

Practicar la gratitud durante el duelo puede parecer imposible, pero se puede hacer. La clave es que debes ser intencional, elegir deliberadamente cosas en tu vida por las que sentirte agradecido, y estas deben ser cosas que generen sentimientos genuinos de gratitud. Por ejemplo, sentirte agradecido porque todavía tienes otros seres queridos en tu vida a quienes acudir. Existe el poder que se encuentra en expresar una gratitud genuina por todo lo que tienes en tu vida. Te levanta el ánimo y te llena de felicidad, lo que mejora tus niveles de satisfacción. Te ayuda a recordar todas las pequeñas bendiciones por las que deberías estar agradecido que pueden olvidarse fácilmente y darlas por sentadas. Práctica una actitud de gratitud todos los días y observa la diferencia que puede marcar en tu vida. Puede hacer maravillas para tu proceso de sanación.

Quizás podrías dedicar tu práctica de gratitud a tu ser querido perdido durante las próximas semanas. Para que la gratitud tenga esos efectos poderosos y positivos en tu vida, debe ser algo que hagas constantemente. Es como hacer ejercicio, en el que tienes que dedicar tiempo a desarrollar esos músculos. La gratitud es algo que se convertirá en una segunda naturaleza, pero solo a través de la repetición constante. Cuando intentas crear este hábito de volverte más agradecido, tu práctica diaria debe estar enraizada en algo significativo. Esta será la base que creará un cambio duradero. Cuando se trata de un lugar de significado, habrá menos resistencia mental porque eres genuino en lo que haces. Cuando conectas la práctica con algo personal y algo que tiene un significado profundo para ti, te da algo en lo que concentrarte. Al dedicar tu práctica de gratitud a tu ser querido perdido, estás fortaleciendo la conexión y restableciendo la relación que tenías con ellos. El hecho de que tu ser querido ya no esté presente no significa que debas perder la conexión que tenías con él.

Acumulación De Hábitos De Gratitud

. . .

Si la gratitud es algo nuevo que estás probando, ayuda asociarlo con un hábito que ya existe. Esta técnica se llama acumulación de hábitos. El apilamiento de hábitos funciona identificando primero una rutina existente y agregando un nuevo hábito además de ese hábito existente.

Estos deberían ser hábitos que haces a diario sin siquiera que te lo digan dos veces o sin tener que pensar en ello, así que estos son tus hábitos existentes. El apilamiento de hábitos requiere que vincules tu nuevo hábito deseado con uno existente. Esencialmente, lo que estás tratando de hacer es convertir un hábito existente en un desencadenante de tu nuevo hábito. Puedes elegir llevar a cabo este nuevo hábito antes o después de tu hábito actual, siempre que te funcione.

Has que la gratitud sea parte de tu rutina porque hará maravillas para ayudarte a superar este momento difícil en tu vida. Cambiará la relación que tienes con el duelo cuando encuentres incluso las razones más simples para levantarte de la cama por la mañana. Es lo que tu ser querido hubiera querido para ti. En este momento, puede parecer que lo has perdido todo, pero no es así. Todavía hay mucho de la vida por vivir, y todavía hay mucho amor en tu vida.

Resumen

La gratitud es una forma de cuidarte a ti mismo, y este es el momento en el que necesitas hacer todo lo posible para cuidar de ti mismo, en una manera de extender la relación que tenías con tu ser querido más allá del ámbito físico. Es útil si aprovechas este nuevo hábito que estás tratando de formar en un hábito existente para que se mantenga.

6

Obstáculos Para Superar El Duelo

PERDER a alguien cercano y querido provoca una avalancha de sentimientos y emociones. De la conmoción a la ira, al arrepentimiento, al dolor, a la tristeza, al dolor y a la depresión, y finalmente, a la aceptación. ¿Por qué pasó esto?

¿Cómo pudo pasar esto? ¿Por qué no evité que esto sucediera? ¡No debería haberle dicho esto a él/ella anoche!

Todos estos pensamientos mezclados con las diversas emociones seguramente los sentirá una persona en duelo, y es difícil diseccionar cada uno de estos elementos para tratar de descifrarlos.

· · ·

Es difícil comprender cómo la mente piensa y procesa la información durante este terrible momento, y mucho menos comprender. La realidad del duelo es que es muy complejo y puede presentar varios obstáculos en el camino.

¿Qué Es Un Obstáculo De Duelo?

Un obstáculo de duelo se refiere a un estado de emociones complicadas y desafiantes que se interponen en el camino de un proceso de duelo saludable. Estos obstáculos conducen a los dolientes a una montaña rusa de emociones y, a menudo, les impiden avanzar en la vida. Es comprensible que la ira, la culpa y el arrepentimiento a veces se apoderen del paisaje de las emociones cuando una persona pierde a alguien. Aún así, aunque son emociones muy diferentes, las acciones que se toman para superarlas son similares.

Quedarse 'atascado' en algún momento del proceso de duelo es común y probable. Sin embargo, cuando la ira, la culpa y el arrepentimiento consumen y se manifiestan en todos los aspectos de la vida de una persona, eso es cuando genera problemas. Estas emociones pueden prevenir a una persona de mirar más allá del dolor y del duelo y en su lugar desarrollan patrones destructivos. Exploremos algunos obstáculos comunes para superar la pena que viene:

Ira: la ira está dirigida a la profesión médica por no hacer lo suficiente para asegurar que el difunto fuera bien atendido. También podría dirigirse a la causa de la muerte. Incluso podría estar dirigida a familiares y amigos por no brindar apoyo.

Puede ser enojo con el difunto o enojo con Dios, una enfermedad o una droga. Una persona en duelo puede y encontrará cualquier cosa hacia la cual dirigir su enojo hasta que acepte lo que sucedió.

Culpa: la culpa surge cuando los afligidos sienten que no pudieron hacer más. Este 'más' puede ser cualquier cosa, desde brindar atención adicional, responder la última llamada, no recibir ayuda a tiempo, no impedir que el difunto haga algo que pueda haberlo llevado a la muerte.

Arrepentimiento: este sentimiento tiene lugar cuando los dolientes sienten que 'deberían o podrían haber hecho' algo para evitar que sucediera la muerte. También podrían ser las últimas cosas que dijeron o no dijeron, hicieron o no hicieron.

. . .

Autocompasión: es natural retraerse y recuperarse después de una pérdida devastadora; sin embargo, con autocompasión, te detienes excesivamente en ti mismo y en tus penas. Te ves a ti mismo como la víctima y la única persona que sufre. Es esencial comprender las diferencias entre la autocompasión y el duelo para que pueda tener lugar la curación.

Comportamientos autodestructivos: el comportamiento de la autodestrucción se describe como acciones que hacemos que seguramente nos causarán daño a nosotros mismos. Con la aflicción a menudo viene el dolor, la ira o la tristeza, todas las emociones que las personas naturalmente querrán evitar. Algunas personas recurren a comportamientos autodestructivos como tomar drogas o alcohol para lidiar con estas emociones indeseables. Si usamos drogas o alcohol para adormecer el dolor que sentimos, no aprendemos a sobrellevar la tristeza y el duelo.

Naturalmente, no nos permitimos pasar por el proceso de duelo. Además, surgen problemas cuando este comportamiento se convierte en un hábito; puede provocar depresión, abuso de sustancias u otros comportamientos destructivos, como comer en exceso, comer poco y más cosas.

Aislamiento: cuando nos afligimos, puede resultar convincente mantener a las personas a distancia para que no nos lastimen. Pero, ¿a qué costo hacemos esto? El aislamiento puede hacer que los sentimientos de dolor y soledad sean aún más intensos. El aislamiento también puede hacer que sea más difícil procesar el duelo. La sensación de aislamiento generalmente surge cuando sentimos que no pertenecemos. Mientras todos los demás se sienten felices, celebran un cumpleaños, socializan con amigos, podemos sentirnos extremadamente aislados porque creemos que nadie más siente el dolor por el que estamos pasando.

Cuando esto sucede, la frustración se cuela y suele ir acompañada de un aislamiento irracional.

Los estudios han demostrado que el aislamiento prolongado puede tener muchos efectos secundarios adversos en la mente humana.

· · ·

El miedo: experimentar y procesar saludablemente todas las emociones es crucial para el proceso de duelo. El miedo en este aspecto no es simplemente el miedo a morir. En cambio, es el miedo de si los dolientes pueden pasar la vida sin el difunto. Este miedo puede crear patrones destructivos en nuestras mentes. Obsesionarse con la vida sin el difunto solo refuerza el impacto de los pensamientos y emociones negativas. Tienes miedo de no poder trabajar como es debido, de no poder cuidar a tus hijos, de no realizar una determinada actividad que provocó la muerte del ser querido. A veces, es fácil reprimir nuestros sentimientos y no pensar en ellos, especialmente en los recuerdos dolorosos y aterradores. Pero como todos sabemos, atiborrar tus recuerdos y sentimientos solo empeorará las cosas para ti.

Falta de perdón: perdonar a alguien es la capacidad de perdonar una ofensa sin guardar rencor o resentimiento.

Cuando experimentamos una pérdida, tendemos a enojarnos por la razón o la causa de la muerte del difunto; podría ser alguien, algo o un evento. Responsabilizamos a esa persona o cosa, y encontramos algo o alguien para dirigir nuestra ira. Los resentimos, y debido a esto, se nos hace más difícil dejar ir lo que ha sido. Los culpamos por la muerte y la pérdida, y parece que no podemos perdonarlos.

Este resentimiento se acumula y, sin intervención, hace que sea más difícil perdonar. Sin perdón, se convierte en un gran obstáculo en su camino hacia la recuperación.

Recaída por abuso de sustancias: el dolor repentino a menudo provoca que los adictos recaigan.

Estos obstáculos provocan un círculo vicioso en la mente de los afligidos y les impiden avanzar. Este ciclo debe romperse porque no es saludable y nos impide vivir nuestras vidas más allá del difunto.

9 mitos y conceptos erróneos comunes sobre el duelo

1. El duelo tiene un punto final.

Con el tiempo, el dolor del duelo disminuye y se vuelve menos pronunciado, sin embargo, para la mayoría, nunca desaparece por completo.

. . .

Aprendemos a adaptarnos y crecer con él. Si bien el duelo no tiene un final, sin embargo, se sentirá diferente y será más manejable. Pero siempre estará ahí.

2. Todos se afligen de la misma manera.

No, no lo hacen. Todo el mundo experimenta el duelo de manera diferente. El duelo no decide la secuencia en la que las personas en duelo experimentan las distintas etapas del duelo y la pérdida. Es bastante común que las personas se salten o pasen por ciclos a través de estas diferentes emociones y sentimientos y, a veces, se pierdan una etapa por completo. Puedes sentirte triste, pero luego puedes pensar que has aceptado que el difunto se ha ido. Pero en algún punto del camino, podrías volver a la negación o incluso a la ira.

3. El dolor será menor si actúas como si nunca hubiera pasado.

Desafortunadamente, actuar como si nunca hubiera sucedido solo significa que estás reprimiendo tus sentimientos y no reconociendo que algo terrible sucedió. No te permites sentir pena, dolor o pérdida. Te niegas a aceptar la realidad de la situación, y esto en sí mismo no es saludable.

. . .

En algún momento, cuando la realidad te golpee, te golpeará con fuerza, y todo se derrumbará inesperadamente, impidiéndote hacer frente a la magnitud del dolor y la pérdida que has mantenido reprimido todo este tiempo. Así que permítete sentir el dolor, permítete sentir la pérdida y permítete sufrir.

4. Tu duelo debe durar un período específico.

Como se mencionó en capítulos anteriores, no hay un tiempo específico con el duelo. Esperar que alguien 'lo supere' o decir 'ya han pasado dos años' o incluso 'Deberías terminar el duelo para fin de año' solo ejerce presión sobre los dolientes, provocando otras obsesiones malsanas y comportamientos destructivos. Una persona en duelo pasará por varias emociones, y agregar una línea de tiempo solo aumenta el estrés.

5. Los grupos de apoyo para el duelo no te ayudarán con la depresión.

Los grupos de apoyo para el duelo te ayudan a sobrellevar la situación y te permiten conectarte con personas que han experimentado el duelo por la muerte de un ser querido. Los grupos de apoyo para el duelo son útiles una vez que se han resuelto los arreglos funerarios, los asuntos legales y otros asuntos financieros. Una vez que el polvo se haya asentado un poco, es útil unirse a grupos de apoyo para el duelo para conectarse y encontrar apoyo. Puede que no funcione tan bien si el doliente no tiene ganas de hablar sobre la muerte del difunto, prefiere llorar en silencio o elige que lo dejen solo por un rato.

Estos grupos de apoyo vienen con un terapeuta profesional o líder de grupo para ayudar a dirigir la conversación para promover hábitos saludables y habilidades de afrontamiento para que nadie caiga en la depresión.

6. Dios los necesitaba en el Cielo.

Llamar a una pérdida trágica la "voluntad de Dios" puede tener un impacto devastador en la fe de los dolientes.

No es algo que les gustaría escuchar. Nadie sabe a dónde van las personas después de morir, y hacer esta afirmación implica que estás tratando de imponerles tus creencias. Ya sea que lo creas o no, no es lo correcto para decirle a alguien que recientemente perdió a alguien. En ese momento, todo lo que el doliente quiere es tener a su ser querido a su lado.

. . .

7. Si no lloras, es que no te arrepientes de la pérdida.

Como se mencionó antes, todos experimentan el duelo de manera diferente. El duelo se manifiesta de diferentes maneras. Algunas personas se ven resistentes frente a una multitud y prefieren llorar solas en su habitación. Algunas personas hacen bromas porque les recuerda al difunto o les ayuda a lidiar con el dolor. Algunas personas se quedan calladas porque todavía están en estado de shock por lo sucedido.

8. El duelo solo lo sienten familiares y amigos cercanos al difunto.

El duelo lo siente cualquiera que tenga un vínculo emocional con el difunto. No importa si conoces a la persona o no. Tomemos, por ejemplo, nuestra respuesta emocional a la muerte de una celebridad, desde algún cantante hasta una princesa. Cada uno de nosotros tenía un grado variable de conexión emocional con ellos, y todos sufrimos de diferentes maneras. No hay duda de que golpea más fuerte a los amigos cercanos y miembros de la familia, pero el dolor lo sienten todos y todas las personas que se sienten conectadas con el difunto.

9. Seguir adelante con tu vida significa que te estás olvidando de la que perdiste.

Nuevamente, este es un mito que debe ser desechado. El duelo no tiene un punto final, y tampoco hay una línea de tiempo específica que todos deban seguir. Ir hacia delante es un resultado saludable del duelo. Significa que has superado los obstáculos del duelo, has aceptado que tu ser querido se ha ido y está listo y valiente para dar los siguientes pasos para crear una vida sin su ser querido. Todavía están grabados en tu memoria y cada vez que pruebas, sientes, hueles o escuchas algo que te recuerda a ellos, en lugar de llorar, sonríes y piensas en los recuerdos que tuviste con ellos. Estás más en paz con la tragedia que ocurrió y también has aceptado que la vida necesita seguir adelante.

Resumen

Seguir adelante no es el objetivo final del duelo. De todos modos, nunca es fácil y, al igual que el duelo, seguir adelante también lleva tiempo. Comprender los obstáculos para superar los patrones destructivos en el proceso de duelo es crucial. Es posible que los dolientes no puedan verlo, pero como amigo cercano, familia o cuidador, puedes ofrecerles tu apoyo y ayudarlos a mostrarles que estas emociones a las que se han aferrado no los están ayudando a llorar el recuerdo de la vida de su amado.

. . .

También debes tener cuidado con todos los mitos y conceptos erróneos que rodean el duelo. El conocimiento de estas falacias es beneficioso tanto para los dolientes como para quienes desean ayudarlos. Estos mitos deben disiparse porque conducirán a comportamientos poco saludables y destructivos.

7

¿Cómo Consolar A Alguien Que Está De Duelo?

EL DUELO TIENE muchas formas y figuras, y para muchos de nosotros, la principal preocupación cuando se trata de consolar a alguien que está de duelo es si estamos haciendo o diciendo las cosas correctas o no. Es comprensible y una preocupación válida. Después de todo, perder a alguien no es una situación por la que nadie quiera pasar muy a menudo. Tiene sentido que desees brindar la atención adecuada para ayudar a tu amigo o pariente en duelo a superar un momento increíblemente terrible.

Saber cómo mostrar y expresar su cuidado y preocupación puede marcar la diferencia en la vida de una persona en duelo, y a menudo son las pequeñas cosas que tu haces las que realmente pueden ayudarlos a salir de su dolor y comenzar a recoger las piezas de su vida, para volver a la normalidad.

Aquí hay algunas cosas que hacer y no hacer para ayudarlo en este viaje:

Que no hacer:

No asumas que quieren o necesitan espacio

Ya sea que esta persona sea tu amigo cercano, un vecino, un colega o un familiar, querrá saber de ti. Expresar tu preocupación genuina para verificar si están bien puede aliviar la carga de dolor que llevan en sus corazones. Cuanto más cerca estés de una persona, mayor será tu necesidad de acercarte y ofrecerte consuelo. Sabiendo que tus amigos y familiares más cercanos y queridos están allí para ellos es algo que una persona en duelo necesita para ayudarlos a superar este momento difícil.

No le des un giro positivo a la situación

Cuando se trata de la muerte, puede ser difícil encontrar las palabras correctas para decir. La mayoría de las veces, pensamos que ayuda mantener las cosas ligeras y positivas.

. . .

No hay nada que podamos decir o hacer que pueda aliviar el dolor, especialmente en los primeros días o semanas.

Alguien está experimentando dolor, así que evita frases como "Están en un lugar mejor", "Era su momento", "Está destinado a ser" o "El cielo acaba de recibir un ángel" no saben a ciencia cierta dónde está la persona fallecida.

Es más, a la persona que está de duelo no le importa si debe ser o si su ser querido está en un lugar mejor. Lo quiere de vuelta en la tierra ahora mismo, justo a su lado.

No compares tus experiencias

Cuando alguien acaba de perder a un ser querido, el dolor es nuevo. Los recuerdos son frescos, y hay un montón de emociones pasando por su mente. Lo último que quiere hacer es contarles sus propias experiencias. Nadie, y menos la persona en duelo, quiere escucharlo. Si tiene una comparación extremadamente adecuada, puede abrirse y compartir su experiencia con esta persona una vez que el polvo se haya calmado un poco.

No disminuyas sus sentimientos

Si alguien está triste, está triste. No importa si se trata

de un pez dorado mascota, la abuela de su vecino o el padrastro. Antes de ignorarlos, simplemente piensa en cómo reaccionaste cuando murió tu cantante o actor favorito. Todos en todo el mundo sufrieron, y probablemente te hizo sentir cómodo saber que podías llorar junto con ellos y que entendían tu dolor. Este es el mismo sentimiento por el que está pasando alguien que está de duelo. Sus sentimientos son válidos sin importar lo lejos o cerca que estén del difunto. Es posible que hayan perdido el contacto con el difunto, pero compartieron una conexión significativa en algún momento de sus vidas. No es tu lugar invalidar sus sentimientos, ya sea que los entiendas o no.

No esperes para comunicarte

Incluso si no has visto a esta persona en mucho tiempo, saber que ha perdido a un ser querido es la única razón por la que necesitas comunicarte para ofrecerle tus condolencias. Saber que las personas cercanas y lejanas que los rodean comparten su dolor ayuda a una persona a pasar el día poco a poco. Estar allí para ellos es todo lo que necesitan en este momento.

No le pongas una línea de tiempo al duelo

Las personas se afligen de diferentes maneras. Algunos lloran en silencio, algunos hablan de ello, algunos bloguean sobre ello, algunos escriben sobre ello. Algunas personas incluso hacen canciones al respecto. Algunas personas incluso terminan comiendo o bebiendo en exceso como una forma de sobrellevar la situación. Algunas personas tardan unos meses y otras años. ¿Quién tiene derecho a decirle a alguien cómo debe llorar y por cuánto tiempo? No hay un libro de reglas para el duelo. Así que no esperes que lo "superen". Comprende que, si bien ha pasado un tiempo, el dolor sigue ahí, y pequeños recuerdos o situaciones pueden desencadenar su dolor. Es totalmente normal sentirse profundamente triste por un año o muchos años perdimos una chispa que nos hacía felices, y será difícil retomarla y volver a la normalidad. Así que no presiones a alguien que está de duelo.

Que si debes hacer

Y ahora, entramos en las cosas que puedes hacer y debes hacer con más frecuencia. Cuando se trata de cuidar y ayudar a una persona en duelo, la empatía y la compasión deben ser las emociones de primera línea.

Ten en cuenta sus reacciones

. . .

Como se mencionó al comienzo de este capítulo, cada uno se aflige de manera diferente. Algunas personas pueden hacer bromas y hacer reír a todos a su alrededor para suavizar el dolor y la pena que sienten. Algunas personas prefieren que las dejen solas. Algunas personas prefieren estar en compañía familiar.

Lo que pasa con el dolor es que se presenta de muchas formas, y es difícil predecir cómo reaccionará alguien. Te acercaste, dijiste algo amable, ofreciste ayuda, etc. Te agradecen y te dicen que no quieren hablar más del tema y que prefieren que los dejen solos. Entonces, ¿Qué haces? Sé sensible a este cambio y dales espacio para pasar por las emociones cambiantes que sienten. Siempre y cuando les hagas saber que estás a una llamada de distancia o que estás disponible si lo necesitan, está bien. Si cambian de opinión y necesitan a alguien con quien hablar, pueden estar seguros de que pueden encontrar un amigo en ti.

Expresa tu amor de una manera que solo tú puedes

Dependiendo de qué tan cerca estés de la persona en duelo, comparte tu cuidado y ama de la manera que solo tú sabes. Llora con tu mejor amigo, abraza a tu hermano afligido, prepara una taza de café para tu colega, y siéntense juntos en silencio, cocina comidas para tu vecino anciano que acaba de perder a su cónyuge. Compra productos para mimar a su amigo. Envía un mensaje de texto a un conocido para ver cómo está, una palmada amistosa en el hombro y una sonrisa. Todas estas pequeñas cosas hechas con buenas intenciones son apreciadas. Recuerda no exagerar y estar atento a señales de que no le gusta o no es muy receptivo.

Escúchalos

La escucha activa permite dar sentido y comprender lo que dice la persona. No importa si no tienes una solución. Eso no es lo que están buscando. Quieren expresar sus sentimientos y quieren que alguien los escuche. Así que cada vez que inicien una conversación, deja espacio para sus palabras y no sientas la necesidad de intervenir. Recuerda que no eres un terapeuta, por lo que es posible que no tengas la capacidad o la experiencia para lidiar con las diversas emociones que se te presenten. Así que dales espacio para que se expresen. A veces todo lo que todos necesitan es un oído atento.

Empatizar con sus sentimientos.

. . .

Reconoce lo mala que es la situación. Seamos realistas, un ser querido murió y dejó un gran vacío en sus vidas. Les tomará tiempo recoger los pedazos y comenzar a aprender a vivir la vida sin el difunto. Algunos días serán buenos, algunos días serán horribles y algunos días estarán bien.

Será una montaña rusa de emociones. Estar de acuerdo con alguien en que las cosas están mal es mucho más solidario que decirle que podría haber sido peor.

Ofrece conectarlos con personas en situaciones similares

Después de cierto tiempo, cuando sientes que la persona ha vuelto a un cierto sentido de normalidad, ayuda a conectarlos con alguien que ha pasado por la misma situación.

Algunas personas pueden sentirse aisladas y pueden sentir que nadie entiende la profundidad del dolor por el que están pasando. Hablar con alguien que ha pasado por una pérdida similar podría hacerles sentir una conexión.

· · ·

También pueden obtener apoyo y comprensión e incluso formas saludables de sobrellevar la situación.

Ten en cuenta que siempre pueden decir que no si no les apetece, pero si están abiertos a ello, vincularlos con otra persona podría ser de gran ayuda.

Dar poco y dar a menudo

Saber que el mundo continúa a pesar del dolor por el que estás pasando puede resultar alienante. Todos los mensajes de texto enviados, correos electrónicos, llamadas, postales, avisos de voz, videollamadas son pequeñas formas de comunicarte y registrarte. Estas voces del exterior son recordatorios de que las personas alrededor del cuidado de los dolientes, y es el equivalente tecnológico de tener su computadora de mano a través de todo.

Ofrecer asistencia práctica

Para los dolientes, tomará tiempo reajustar su forma de vida ahora que el difunto ya no está presente. Cuanto más cerca estaba del difunto, más desafiante y más ajustes necesita hacer. La sensación de pérdida es evidente. Ya no puedes llamarlos, nadie contestaría el teléfono del otro lado. El otro lado de la cama está vacío. Sin reírse de sus bromas. No recibir grandes abrazos de oso de ellos. Se necesitará mucho para reajustar y, a veces, una mano amiga va bien para un largo camino.

Es posible que una persona en duelo no tenga la cabeza, la motivación o la energía para llamar o pedir ayuda. O pueden sentirse culpables por recibir atención o temer agobiar a las personas que los rodean. Así que ofrece ayuda práctica a los afligidos. En lugar de decir: "Avísame si hay algo que pueda hacer", puedes tratar de ser específico y decir: "Hoy voy a cortar el césped. ¿Te gustaría mover el tuyo también?". O "Voy a la tienda de comestibles. ¿Qué te gustaría de allí?" O "Hice lasaña. Puedo traer un poco.

¿Avísame cuándo?". Ayuda si tu eres consistente en sus ofertas de asistencia para que los dolientes sepan que tu estás allí todo el tiempo que sea necesario.

Estate atento a los signos de depresión

· · ·

Una persona en duelo sentirá muchas emociones, desde ira hasta confusión, aislamiento, dolor, ansiedad e incluso la sensación de estar desconectado. Entre estas emociones, también es común sentirse deprimido, especialmente en los primeros meses. Esto es perfectamente normal. Sin embargo, si los signos de depresión parecen ser constantes y tardan más en desvanecerse, esto puede significar que el duelo normal ha evolucionado a depresión clínica. Algunos de estos signos podrían ser un enfoque extremo en la muerte, negligencia en la higiene personal, abuso de sustancias o alcohol, incapacidad para disfrutar la vida y dificultad para funcionar en la vida diaria.

Ten en cuenta que esta es una línea difícil de pisar, simplemente porque es difícil discernir si la persona está afligida o deprimida. Dales tiempo para llorar, pero controlándolos tan a menudo como pueda te ayudará a notar si es una condición que es diferente al duelo. Cuando sientas que podría ser depresión, ayúdalos a buscar ayuda profesional.

Ofrece oraciones y aliento

Puede que no seas religioso, pero los dolientes podrían serlo.

· · ·

O el doliente no es religioso, pero tú sí. De cualquier manera, ofréceles oraciones y aliento, ya sea en forma de cartas, mensajes de texto o llamadas. Ten en cuenta que nunca debes forzar sus creencias y nunca exagerar porque puede causar más daño que bien. Mantenlo simple, y mantenlo ligero.

¿Cómo evitar la fatiga por compasión?

Si tu eres el cuidador de una persona que está pasando por un duelo, esto puede ponerte en riesgo de padecer fatiga por compasión.

La fatiga por compasión es el efecto secundario de cuidar a alguien que lo necesita. Si no se maneja bien, la fatiga por compasión puede causar agotamiento físico y emocional en el cuidador, reduciendo su capacidad de empatizar.

También puede reducir su capacidad para brindar la calidez, el cuidado y el compromiso necesarios para los afligidos.

. . .

Para protegerse, es esencial aprender estrategias que te ayuden a sobrellevar la situación. Aquí hay algunos:

Priorizar el autocuidado

El autocuidado es esencial para cualquier persona, pero más aún para los cuidadores a largo plazo. El autocuidado te ayuda a mantener un bienestar físico y mental saludable.

Significa tomarse un tiempo para uno mismo, aunque sea por unas pocas horas al día. No es egoísta tener algunas horas para uno mismo. Es saludable y te convierte en un mejor cuidador.

Si bien las rutinas de cuidado personal son diferentes para cada uno, por lo general implica hacer algo por uno mismo.

Algunos ejemplos: disfrutar de su comida favorita, meditar, ver su película favorita, tomar un largo baño, tener un tiempo de inactividad o incluso dar un paseo por la naturaleza. La idea aquí es darse algo de tiempo para concentrarse únicamente en sus necesidades.

. . .

Pasa tiempo con personas fuera de tu vida de cuidador

Ya sea para pasar tiempo con la familia o los amigos, una parte esencial para mantener una vida equilibrada es mantenerse al día con las conexiones sociales. A veces puedes estar demasiado cansado para las interacciones sociales, pero algo simple como compartir una comida, hablar por teléfono, chatear y hacer videollamadas son formas de alejarse de su vida y preocupaciones como cuidador.

Escribe o pinta tus pensamientos

Escribir o bloguear es una técnica conocida para reducir el estrés. Lo mismo vale para colorear o pintar. Canalizar tus pensamientos y sentimientos hacia la palabra escrita o el arte es una forma muy terapéutica de deshacerte de la fatiga por compasión.

Resumen

. . .

El duelo es una emoción terrible de sentir. Cuando alguien está afligido, la compasión y la paciencia deben ser campeones para ayudarlo, ayúdelos. Este capítulo describe cómo puedes consolar a alguien que ha sufrido una pérdida o está de duelo. Escuchar, ofrecer asistencia práctica, saber qué decir y no decir son cosas útiles que podemos aprender para ayudar a los dolientes. Este capítulo también concluye con algunas formas sencillas de cómo un cuidador puede prevenir el agotamiento por compasión o la fatiga por compasión. Más a menudo, la mejor manera de brindar una mejor asistencia de cuidado consistentemente es tomarse un descanso para ti mismo, lo que incluye el cuidado personal y estrategias de afrontamiento para tu bienestar emocional y mental. Esto puede ser tan simple como disfrutar de una taza de café en la tranquilidad de la mañana, una meditación de 10 minutos, salir a correr o escribir un diario.

8

Comenzar A Vivir Tu Vida

ESTE CAPÍTULO te guiará precisamente por qué, cómo y qué debes hacer para dejar de preocuparse y comenzar a vivir tu vida.

Casi 800 millones de personas en todo el mundo experimentan enfermedades mentales. Algunas de las condiciones mentales adversas más prominentes incluyen estrés, ansiedad y depresión. Estos problemas pueden afectar su salud psicológica y física, y cuando los deja sin tratar, pueden tener efectos duraderos en su vida y sus relaciones.

Cuanto más ignores tu lucha mental, más difícil será ser resistente frente a las dificultades, y si dejas que las emociones se salgan de control, pueden conducir a un aumento de la enfermedad mental.

Aunque el estrés es una parte inseparable de nuestras vidas, podemos manejarlo fácilmente usando estrategias y técnicas simples. Todo lo que necesitamos es la voluntad de aprender estas técnicas y la capacidad de actuar. El manejo eficaz del estrés es fundamental para tu salud física, psicológica y emocional. Es vital para tu bienestar general. Este capítulo te mostrará cómo empezar a administrar tus problemas y obtén alivio de inmediato.

Cómo lidiar con el estrés, la depresión y la ansiedad proporciona un marco completo y un conjunto completo de herramientas para comprender las causas del estrés, la depresión, la ansiedad y cómo superarlas.

Prácticamente todas las personas experimentan estrés, ansiedad o depresión en varios momentos de sus vidas. Un estudio de 2017 sugirió que alrededor de 792 millones de personas en todo el mundo tienen trastornos formales de salud mental, siendo la depresión y la ansiedad las afecciones más comunes. Millones, tal vez incluso miles de millones, de personas adicionales experimentan condiciones subclínicas y altos niveles de estrés, por lo que la cantidad de personas que lidian diariamente con tales problemas es bastante asombrosa. Cuando vives con cualquiera de estas condiciones, las actividades cotidianas se convierten en un desafío y puede recurrir a comportamientos de autosabotaje o sentirse atrapado en su lugar.

A medida que estas condiciones continúan, solo te hace sentir peor, tanto mental como físicamente. En los Estados Unidos, se ha informado que el estrés afecta la salud mental del 73 por ciento de la población, lo que empeora las condiciones como la depresión y la ansiedad. Si bien estas condiciones son muy comunes, no tienen porqué serlo. Vivir con una enfermedad mental o estrés puede parecer imposible, y esa es una carga difícil de llevar, razón por la cual la angustia mental a menudo conduce a una mayor angustia mental y emocional.

El reto

Con tanta presión externa en la sociedad actual para dar lo mejor de sí mismos, millones de personas en todo el mundo luchan por mantener su salud mental y su bienestar profesional o personal. Muchos comportamientos dañinos emocional y físicamente, como el exceso de trabajo y el sacrificio personal extremo, son glorificados por la sociedad.

A medida que las personas se ven obligadas a hacer su mejor trabajo y hacer espacio para una vida personal y social, pueden verse consumidas por la ansiedad y las preocupaciones que impiden su progreso.

Las estadísticas sobre el estrés, la ansiedad y la depresión muestran un panorama sombrío.

Como el problema de salud mental más frecuente en los Estados Unidos, según la Asociación de Ansiedad y Depresión de América, la ansiedad afecta a más de 40 millones de adultos estadounidenses, lo que representa más del 18 por ciento de la población. A nivel mundial, casi 300 millones de personas tienen ansiedad. Las personas que tienen ansiedad tienden a tener mayores niveles de estrés, y el 50 por ciento de las personas diagnosticadas con ansiedad también serán diagnosticadas con depresión. Las tasas de depresión también son sorprendentemente altas, con poco menos del siete por ciento de la población experimentando depresión mayor en un momento dado y otro dos por ciento experimentando un trastorno depresivo persistente, también conocido como distimia o depresión crónica.

. . .

Incluso si no tienes un problema diagnosticado clínicamente, como depresión o ansiedad, es probable que tengas un cierto grado de estrés que te dificulte funcionar como te gustaría. La Organización Global para el Estrés dice que el 75 por ciento de las personas están moderadamente estresadas, y casi todas las personas experimentan estrés en algún momento de sus vidas debido a una miríada de factores contribuyentes. Con tanta disfunción mental, no es de extrañar que algunas personas piensen que nunca mejorarán, pero este panorama sombrío no tiene por qué ser tu realidad.

Si bien las condiciones de salud mental tienen el poder de destruir y debilitar a las personas, paralizándolas y dificultando tener esperanza para el futuro, existen técnicas comprobadas que cualquiera puede usar para mejorar su salud mental y permitir mayores oportunidades para el desarrollo personal. Ya no necesitas dejar que tu estrés, ansiedad o depresión te detengan.

La solución para gestionar tu salud mental no es fácil ni rápido, pero es efectivo. Con esfuerzo y atención cuidadosa a un plan multifacético, puede lograr mejoras dramáticas en tu salud mental dañada y comenzar a invertir más energía en las cosas que lo gratifican más. Hay varios pasos que debes seguir para obtener los mejores resultados. Cuando aplicas estos pasos, puedes tener mayor claridad mental, libertad emocional y confianza. Curar tus problemas de salud mental requerirá que enfrentes todo lo que te asusta y que admitas verdades incómodas. Aún así, estarás mucho mejor cuando busques ayuda que los casi 25 millones de estadounidenses que tienen problemas de salud mental no tratados. Es posible que no necesites el mismo nivel de atención que las personas con afecciones más graves, pero sí necesitas ayuda porque vivir con cualquier grado de estrés, ansiedad o depresión es vivir con más dolor del que necesitas.

El tratamiento de una enfermedad mental puede parecer intimidante para muchas personas, pero existen varios métodos efectivos y formas de tratar, si no curar, cualquier afección de salud mental que pueda tener.

Con tantos adultos y niños que actualmente no reciben tratamiento por sus problemas de salud mental, no es de extrañar que las estadísticas de salud mental sigan siendo tan frecuentes. Aún así, con una mayor conciencia y una mayor disponibilidad de recursos de salud mental, el pronóstico para quienes tienen una enfermedad mental continúa mejorando. Además, a medida que estos temas se reconocen y discuten más ampliamente, los estigmas asociados a ellos comienzan a disiparse, lo que elimina parte de la vergüenza vinculada a la enfermedad mental, que solo la exacerba. En consecuencia, al comprometerse con valentía con el tratamiento y abrirse a una mayor comprensión de las enfermedades mentales, se crea una nueva resiliencia contra la enfermedad mental y volverse más proactivo en el tratamiento de estas condiciones debilitantes.

Para aquellos de ustedes con cualquiera de estos problemas, no pueden retrasar el tratamiento. La disfunción mental de cualquier tipo hace que sea más difícil sentir alegría y, en el peor de los casos, puede privarlos de su capacidad para funcionar. Más que eso, su salud mental también puede afectar su salud física. Por ejemplo, la investigación ha demostrado que el estrés aumenta la posibilidad de que alguien muera de cáncer en un 32 por ciento. La Asociación Canadiense de Salud Mental dice que las personas con mala salud mental son más propensas a tener trastornos físicos crónicos.

Un estudio de la Universidad Johns Hopkins encontró que los pacientes con antecedentes familiares de enfermedades cardíacas eran más saludables cuando tenían pensamientos positivos. Entre los participantes del estudio, aquellos que tenían una perspectiva positiva tenían un 13 por ciento menos de probabilidades de experimentar un evento cardíaco. Además, encontraron que, en general, las personas que tienen mejores perspectivas viven más tiempo.

La solución

La recuperación es un proceso que no siempre es lineal, pero este capítulo te indicará los pasos básicos para ayudarte a tomar el camino correcto. El primer paso en el proceso tiene que ver con la educación. Antes de que puedas hacer cualquier otra cosa, debes entender la bestia que estás tratando de matar y la espada que usarás para matarla.

Aprenderás cómo funciona el cerebro y cómo los problemas con tu cableado pueden conducir a una disfunción mental. También aprenderás cómo puede reconfigurar tus procesos cognitivos para promover una mejor salud mental.

. . .

En el segundo paso del proceso, continuará tu viaje educativo y obtendrás una comprensión más profunda de qué son la ansiedad, el estrés y la depresión y cómo afectan la forma en que funciona.

Comenzarás a comprender cómo abordar cada uno de estos problemas utilizando herramientas de afrontamiento esenciales.

Una vez que hayas aprendido acerca de cada condición, se te presentará una de las herramientas psicológicas más poderosas para mejorar la salud mental. Terapia cognitiva conductual (TCC).

Una vez que comprenda los principios fundamentales de estas condiciones y los fundamentos de la TCC, aprenderás a manejar sus circunstancias diariamente superando los obstáculos y reviviendo tu sentido de ti mismo al cambiar tu perspectiva a medida que comienzas a pensar de nuevas maneras. Comenzarás a cuidar tanto tu cuerpo como tu mente de maneras que te cambiarán la vida. Todos estos pasos conducirán a la claridad mental y la liberación mental.

Con todo esto en mente, está claro que la salud mental de una persona afecta cada parte de su vida, y sin abordar su disfunción mental, nunca tendrá la paz mental que anhela.

Cada día que no haces nada por tu salud mental es otro día te privas de la salud y la felicidad.

Tu salud mental debe ser tu prioridad, porque no puedes funcionar plenamente como miembro de la sociedad si tienes prohibido hacer todas las cosas que más te gustan.

Si sientes que te estás perdiendo de vista a ti mismo y tus deseos debido a tu estrés, ansiedad o depresión, es hora de hacer un cambio. Está bien estar nervioso por los ajustes que necesitas hacer para sentirte más saludable, pero recuerda que la incomodidad y la incertidumbre son vitales porque representan un cambio. Si no cambias, nunca te sentirás mejor que ahora. Tal vez hayas aprendido a vivir con tu dolor y preocupación, pero es hora de aprender a vivir sin esos mecanismos negativos de afrontamiento porque te impiden vivir tu vida al máximo.

Si bien algunas pocas cosas de este capítulo pueden ayudarte a mejorar tus niveles de estrés, ansiedad y depresión, te recomiendo buscar apoyo profesional para ayudarte a alcanzar tus metas.

Hay toneladas de libros sobre este tema en el mercado, ¡así que gracias por elegir este!

¿Cómo funciona tu cerebro?

Demasiadas personas dañan tu viaje de recuperación al trabajar en contra de sus mentes. Piensan que pueden obligar a sus cerebros a someterse, y cuando eso no funciona, se sienten fracasados. Cuando un cambio que está tratando de hacer no se mantiene, generalmente se debe a que su cerebro no está acostumbrado. Por mucho que desees ese cambio, tu cerebro se resistirá porque las cosas desconocidas se sienten inseguras para el cerebro humano. El cerebro humano ama los patrones y utiliza esos patrones para crear su programación mental interna y percepciones de la realidad. Cuando comprendes cómo funciona tu cerebro, puedes usarlo a tu favor para crear nuevos patrones y replantear tu estado mental.

Tu cerebro es una fuerza poderosa y puede funcionar de maneras notables. Al enfrentar tus preocupaciones, dudas y otros sentimientos negativos, debes comprender cómo funciona tu cerebro para que puedas dejar de luchar contra tu cerebro y comenzar a trabajar con él.

Tu Mapa De La Realidad

En 1931, un científico y filósofo estableció una noción metafórica importante con su afirmación: "El mapa no es el territorio". Creía que los individuos no tienen un conocimiento absoluto de la realidad; en cambio, tienen un conjunto de creencias acumuladas a lo largo del tiempo que influyen en cómo perciben los eventos y situaciones.

Las creencias y puntos de vista de las personas (su mapa) no son la realidad misma (el territorio). En otras palabras, la percepción no es la realidad.

Tu cerebro llena los vacíos en la comprensión automáticamente. Esto significa que cuando no sabes algo, subconscientemente haces una estimación basada en la información que sí sabes.

Cuando experimentas preocupación o tristeza, esto puede ser causado por un mapa de la realidad que refuerza esas ideas. Esa preocupación o tristeza persiste en tu mente y puede dar forma a decisiones futuras a menos que modifiques tu percepción. Tu mapa de la realidad siempre será una interpretación, pero puede ser una interpretación que te ayude en lugar de perjudicarte. Puedes cambiar tu mapa de la realidad y hacerlo más productivo abordando tus pensamientos y creencias y cómo impactan en tu comportamiento.

Los pensamientos, las creencias fundamentales y las creencias de comportamiento son conjuntos de ideas que las personas usan para dictar cómo se comportarán. Una creencia es algo que piensas que es un hecho. Tienes sentimientos tan fuertes sobre algo que estás casi seguro de que es verdad, independientemente de lo bien que puedas demostrarlo.

Es posible que tengas algunas dudas de vez en cuando, pero, sobre todo, te apegas constantemente a esas creencias. Las creencias son actitudes a las que recurres, porque te brindan una sensación de seguridad y te hacen sentir que ciertas cosas son constantes, por lo que algo que te hace dudar de tus creencias puede ser tan doloroso. Tus creencias impulsan tus comportamientos inconscientes y habituales. Se vuelven tan arraigados en ti que se sienten naturales e inherentemente verdaderos.

· · ·

Cuando tiene problemas para manejar situaciones o lidiar con los sentimientos, automáticamente recurre a sus creencias en busca de ayuda sin ejercer demasiado poder mental.

Tus creencias te ayudan a determinar la moralidad y te ayudan a decidir si las personas o las cosas son malas o buenas. Toda tu perspectiva utiliza una compilación de tus creencias para completar las partes de tu realidad que no puedes comprender por completo.

Las creencias se forman en base a las experiencias pasadas y los estímulos que nos rodean. Las creencias centrales de la mayoría de las personas, las creencias más importantes que tienen, se establecen cuando son niños pequeños. A medida que crecen, los niños comúnmente desafían las creencias que les han enseñado a medida que comienzan a pensar de manera más crítica e inde-pendiente.

Sin embargo, muchos niños reafirman las creencias que les enseñaron en lugar de refutarlas. Como adultos, pueden desafiar estas creencias y, al manejar sus creen-cias, pueden crear una visión más saludable del mundo que es un mapa más realista de la realidad.

. . .

Las creencias pueden ser increíblemente poderosas. Por ejemplo, imagina a los padres diciéndoles a tus hijos que los sujetapapeles son peligrosos. Decirle a un niño que los sujetapapeles son peligrosos parece una tontería. Sin embargo, cuando esas palabras no se cuestionan, el niño internalizará el mensaje y podría tratar de evitar los clips, lo que podría impedir tu capacidad para realizar ciertas tareas. Pero a medida que crecen, es probable que el niño desafíe esa creencia y supere el miedo a los sujetapapeles.

Otras creencias pueden ser más difíciles de desacreditar. Por ejemplo, si una madre le dice a su hijo que los perros son peligrosos, el niño puede tener miedo de los perros. Este miedo podría continuar en la edad adulta, porque el niño ha aprendido a tenerle terror a los perros. Incluso los argumentos racionales de que los perros no son algo a lo que asustarse pueden hacer que a ese niño le resulte difícil creer.

Después de todo, los perros, a diferencia de los clips, tienen el potencial de ladrar y morder. El niño estaría tan convencido por la creencia que le sería difícil romper con esa mentalidad.

Es posible que tengas creencias que se interpongan en

tu camino y te sientas tan fundamental para quién eres que desafiarlas te haga sentir incómodo. Sin embargo, necesitas contemplar tus creencias limitantes.

Si bien los pensamientos y las creencias pueden parecer similares, existen algunas diferencias profundas entre ellos que debe reconocer si deseas tener una comprensión completa de cómo tus pensamientos y creencias pueden hacer o deshacer tu salud mental. Los pensamientos ayudan a formar tus creencias. Cuando tienes los mismos pensamientos repetidamente, se convierten en creencias. Te acostumbras tanto a los pensamientos que se arraigan en tu subconsciente y se vuelve difícil imaginar que esos pensamientos no son ciertos. En consecuencia, cuando piensas negativamente, tiendes a tener una perspectiva más pesimista.

No todos los pensamientos son creencias. Los pensamientos que vienen y van por tu mente sin repetición nunca se convierten en creencias. Las creencias son un producto del pensamiento habitual. Esto significa que, si bien puede ser difícil eliminarlos, puedes eliminarlos reemplazando esos pensamientos negativos por otros positivos, que es una práctica que utilizan muchas terapias y técnicas.

· · ·

Como has visto con el mapa de la realidad, la percepción da forma a nuestros puntos de vista y también da forma a nuestra forma de pensar. Tus pensamientos construyen tus creencias y tus creencias, a su vez, construyen tu sentido de lo que es real. Algunas de tus creencias te darán el poder para buscar el éxito y encontrar la felicidad, mientras que otras harán que el mundo parezca un lugar oscuro y aterrador sin esperanza. Trata de identificar las partes de tu sistema de creencias que te hacen tener respuestas negativas.

Tus patrones de pensamiento tienen un tremendo poder para cambiar tu vida. El simple acto de interrumpir los patrones de pensamiento negativos puede ayudarte a comenzar a hacer cambios. Estos cambios no suceden durante la noche, y las creencias profundamente arraigadas pueden incluso tardar meses o años en desacreditarte por completo, pero, cuando te enfocas en los patrones de pensamiento que desea inculcar, comienzas a cuestionar las "verdades" en las que creías ciegamente.

Habrá algunas creencias que querrás mantener, y esas son las que puedes desarrollar y usar para tu ventaja a lo largo de este proceso. No hay necesidad de deshacerse de cualquier creencia que sea constructiva porque esas creencias son las que te ayudan a crecer. Sin embargo, sé honesto acerca de las creencias que te están lastimando. Mucha gente trata de racionalizar ciertas creencias que no se sienten psicológicamente preparadas para cuestionar.

Abre tu mente y contempla, "¿Esta creencia me está lastimando de manera encubierta y manipuladora?" Si lucha incluso para plantear esa pregunta sobre una creencia en particular, esa creencia puede ser dañina.

La forma en que piensas no es algo que esté fuera de tu control. Según el Instituto de Tecnología de Massachusetts (MIT), el 45 por ciento de sus elecciones diarias son habituales, lo que significa que son producto de sus patrones de pensamiento y creencias subconscientes. Tú eliges qué estímulos alimentas a tu subconsciente. Cuando las preocupaciones o la desesperanza comiencen a llenar tu cabeza, intenta decirse a ti mismo: "El mundo es un lugar lleno de oportunidades y cosas buenas".Si bien al principio no se sentirá como si dijera que esto está haciendo algo, reescribir tu monólogo interno puede ser un poderoso primer paso hacia el crecimiento.

Cuando comprendes cómo los pensamientos y las creencias fundamentales dan forma a sus comportamientos, se vuelve más fácil crear un camino para el crecimiento. Aprendes que estás a cargo de tus creencias, y tus pensamientos solo pueden tener tanto control sobre ti como tú lo des. Puede que te sientas impotente frente a tus pensamientos negativos, pero aprender a superar estos pensamientos dañinos y liberar el poder que tienen sobre ti es la única forma de convertirte en una persona más feliz. Cuanto más trates de evitar las cosas que te ponen ansioso, estresado o deprimido, más ansioso, estresado y deprimido te sentirás.

Terapia Conductual Cognitiva

La Terapia Conductual Cognitiva (TCC) se formuló hace unos cuarenta años para ayudar a tratar a las personas que sufren de depresión. Con el paso de los años, muchas de las técnicas y pasos desarrollados en la TCC para manejar la depresión se han aplicado a un conjunto más amplio de trastornos mentales y emocionales.

Sirve para tratar un amplio abanico de problemas, además de ayudar a identificar y afrontar situaciones concretas rápidamente. Generalmente requiere menos sesiones que otros tipos de terapia.

· · ·

La terapia cognitivo- conductual es una herramienta útil para abordar desafíos emocionales. Por ejemplo, puede ayudarte a lo siguiente:

Controlar los síntomas de patologías mentales y evitar recaídas. Sobrellevar situaciones de estrés de nuestra rutina diaria. Aprender a controlar las emociones. Solucionar conflictos y aprender a relacionarse mejor. Superar las pérdidas y el dolor, así como traumas emocionales. Afrontar el diagnóstico de una enfermedad. Tener controlados los síntomas físicos crónicos.

En ocasiones, puedes sentirte emocionalmente incómodo, ya que te hace explorar sentimientos, emociones y experiencias dolorosas. Es habitual llorar, angustiarse o enfadarse durante una sesión.

Algunas formas de TCC, como la terapia de exposición, pueden hacer que te enfrentes a situaciones a las que tienes miedo (como el miedo a volar). Esto puede provocar ansiedad o estrés temporal.

Las cosas que podrás identificar incluyen:

- Los pensamientos inútiles que pueden
  conducir a problemas psicológicos,

- Los comportamientos inútiles que están afectando negativamente tu vida,
- Mejores pensamientos, hábitos y creencias que agregarán valor a su vida,
- Los nuevos patrones que aplicas en tu vida para aliviar las condiciones mentales y físicas e incluso ayudarte a actuar mejor.

¿Sabías que la mayoría de tus problemas surgen principalmente del significado que le das a los eventos o situaciones? Si tienes pensamientos que no te ayudan a ti mismo, te resultará difícil funcionar bien en diferentes condiciones.

La terapia cognitivo-conductual tendrá un impacto positivo en cómo actúas y cómo te sientes. También te proporcionará las habilidades y estrategias adecuadas para afrontar los desafíos.

Niveles de pensamientos en TCC

La terapia cognitivo-conductual reconoce tres tipos principales de pensamientos, a saber, pensamientos automáticos, suposiciones y creencias. La terapia cognitivo-conductual explica que nuestras creencias centrales son las causas de nuestras premisas, las cuales, a su vez, inician nuestras ideas intuitivas y, en consecuencia, nuestras emociones.

Las creencias fundamentales son las centralidades generales que usamos para evaluar los estándares que establecemos para nosotros mismos, otras personas y el mundo. Nuestras creencias centrales se forman típicamente en la etapa impresionable de la vida. Usamos estas creencias para determinar qué pensar sobre los demás. En algunos casos, nuestras opiniones son dañinas y afectan nuestras vidas negativamente. Los sentimientos negativos incluyen, "No soy digno de ser amado" o "No se puede confiar en las personas. Si uno cree que es débil, la ansiedad puede aparecer. Por otro lado, una creencia positiva, como "Soy un ganador", puede aumentar la estima de uno.

Si uno tiene profundas creencias negativas sobre sí mismo, serás propenso a la ira, la depresión, la ansiedad, el estrés, entre otras condiciones mentales adversas. Usando TCC, uno puede identificar las creencias negativas que están llevando tu vida en una espiral descendente y buscar ideas alternativas para equilibrarlas.

Notarás que los sentimientos negativos tienen poderosas emociones que los acompañan, y es difícil cambiarlos con evidencia contradictoria.

Los supuestos subyacentes son aquellas creencias que dirigen nuestras decisiones en diferentes situaciones. Por lo general, las suposiciones subyacentes surgen de experiencias personales. Por ejemplo, si a una persona le mintió su cónyuge, podría suponerse que todas las personas de ese género son unos mentirosos. Otro ejemplo de suposiciones subyacentes es cuando uno asume que si permite que una persona descubra sus debilidades, la otra persona la abandonará.

Los pensamientos automáticos ocurren día a día y nos ayudan a dar sentido a nuestras experiencias. Los pensamientos automáticos influyen en nuestras decisiones de manera inconsciente. ¿Alguna vez le gritaste a alguien y luego no pudiste entender qué te provocó? Los pensamientos automáticos son responsables de la mayoría de nuestras respuestas automáticas. Por ejemplo, una persona puede hacer algo que te enoja, y de inmediato, hierves de ira y dejas que esa persona tenga un problema contigo.

· · ·

La terapia cognitivo-conductual puede ayudarte a comprender tus pensamientos automáticos. Primero, después de cada episodio de reacciones involuntarias, por ejemplo, un momento de arrebato de ira, evalúa tus ideas.

¿Qué pasaba por tu cabeza en el momento en que estabas enojado? ¿Qué sentimientos te hacían actuar así? Puedes escribir tu pensamiento automático y evaluarlo cuidadosamente.

Distorsiones Cognitivas

Mientras que tu cerebro hace todo lo posible para brindarte información completa y crear una percepción precisa de la realidad, a veces se pierde un poco tratando de traducir lo que observa en una percepción sensible. A tu cerebro le encanta hacer conexiones y, a veces, harás conexiones demasiado simplificadas y que no muestran los matices de una situación. Esto se llama distorsión cognitiva.

Hablando en términos sencillos, las distorsiones cognitivas son falsas capuchas que tu cerebro te convence para que creas que son ciertas. Las distorsiones cognitivas pueden tomar una variedad de formas, pero un ejemplo común es el pensamiento polarizado. Cuando piensas en polaridades, ves las cosas como incorrectas o correctas, buenas o malas, o gana o pierde.

Después de fallar en una tarea, puedes comenzar a pensar: "Fracasaré en todas las tareas porque no puedo hacer nada bien". Esta percepción no es precisa, pero te convences de que es verdad porque tu cerebro ha identificado lo que crees que es un patrón.

El problema con las distorsiones cognitivas es que a menudo están envueltas en negatividad. Te hacen esperar lo peor y te convencen de que no puedes hacer ciertas cosas o de que otras son inseguras. Las distorsiones cognitivas cambian tu perspectiva y pueden volverse dañinas rápidamente a tu bienestar general. Si crees en mensajes falsos, es difícil hacer las paces con su situación o sentirse seguro. Cuando te sientes inseguro, tu salud mental decae y tus dudas empiezan a dificultar tu funcionamiento normal. La ansiedad puede afianzarse y es posible que se sienta más estresado a medida que intenta completar las tareas. Las dificultades de tu situación pueden conducir a la depresión.

Las distorsiones cognitivas también pueden hacer que actúes de formas que empeoren tu estado mental. Por ejemplo, alguien con un trastorno alimentario puedes decirte a ti mismo: "No comer me ayuda", cuando pierdes un par de libras. Continúan con conductas dañinas porque se estableció un patrón erróneo de creer que una acción es "buena", aunque la conducta, por razones obvias, sea lo contrario de útil.

Del mismo modo, alguien con ansiedad puede decir: "Evitar esta tarea me hará sentir más tranquilo", cuando la postergación solo aumenta la presión y el estrés de la situación. Retrasar la tarea puede haberles dado una sensación de alivio antes, por lo que continúan haciéndola. Continúa deteriorándolos, pero la distorsión cognitiva hace que sigan repitiendo el mismo comportamiento dañino. Las distorsiones cognitivas lo engañan haciéndole creer que ciertas acciones son buenas para ti o que no son tan dañinas como lo son. Alguien puede involucrarse en un comportamiento arriesgado y pensar: "Esto no me hará daño porque no me hizo daño antes", cuando esa información no es precisa. Las personas a menudo usan estas distorsiones para justificar comportamientos dañinos y habituales que brindan un alivio temporal a la angustia mental, pero esto causa más problemas a largo plazo.

Pensamientos Negativos

. . .

Los pensamientos negativos pueden desempeñar un papel influyente en el funcionamiento de tu cerebro porque tus pensamientos ayudan a crear tu mapa de la realidad y forman tus distorsiones cognitivas. Es mucho más fácil ceder a los pensamientos negativos que a los positivos. La gente a menudo espera lo peor porque tiene miedo de que tener esperanza los lleve a la desilusión. Los pensamientos negativos también son alimentados por la internalización de comentarios negativos que otros han hecho sobre ti en el pasado.

Por ejemplo, si tu madre te dice que eres feo, es posible que empieces a pensar que no eres atractivo hasta que finalmente se convierta en una creencia fundamental.

Las investigaciones han demostrado que las personas son mucho más sanas y felices cuando piensan positivamente en serlo porque el cerebro responde a la entrada que le damos. Entonces, puedes cambiar tu perspectiva pensando con más positividad. Cuando piensas negativamente, estás alimentando tu cerebro con información que puede usar en tu contra; por lo tanto, bríndale información que te ayude.

El Papel Del Trauma

. . .

El trauma es una parte importante de la vida humana y puede ser uno de los mayores contribuyentes a los resultados adversos de salud mental, incluido el aumento de la depresión, la ansiedad y el estrés. Según el Consejo Nacional para la Salud del Comportamiento, el 70 por ciento de los adultos en los Estados Unidos han experimentado al menos un evento traumático, lo que significa que 223,4 millones de personas en los Estados Unidos solo han tenido un trauma.

Además, entre las personas que buscan tratamiento por problemas de salud mental, el 90 por ciento ha pasado por un trauma.

En consecuencia, si tienes un trauma, contribuye a algunos de los problemas que puede estar experimentando.

El trauma es el resultado de eventos que causan profunda preocupación o angustia. Las experiencias traumáticas suelen ser aquellas que amenazan la vida de una persona o la vida o el bienestar de tus seres queridos.

. . .

Puedes tener un trauma tanto físico como emocional. El trauma físico puede ser una respuesta a accidentes, lesiones u otros eventos físicos. El trauma físico a menudo puede desencadenar un trauma emocional, y las cicatrices del trauma emocional suelen permanecer más tiempo que las del trauma físico. El trauma puede resultar del abuso físico, verbal, emocional o sexual, y los niños que viven en ambientes violentos tienen un mayor riesgo de trauma.

Algunas personas no se dan cuenta de que tienen un trauma. Podrían decir: "Oh, bueno, lo que pasé no fue tan malo en comparación con otras personas". Sin embargo, el trauma no significa que haya sido torturado o herido de maneras impensables. La muerte de personas queridas o contraer una enfermedad grave también puede causar trauma. Cualquier cosa puede ser traumática si te hace sentir inseguro, así que no minimices esos sentimientos; acepta cómo te sientes, incluso si no crees que sea "tan malo".

Cuando tienes un trauma que no has abordado, es probable que tengas mayores desafíos mentales. El trauma por sí solo no conduce a una enfermedad mental, pero es un factor importante que contribuye y lo lleva a depender de mecanismos de afrontamiento poco saludables que le hacen más daño que bien.

. . .

El trauma cambia la forma en que piensas, lo que puede afectar tus procesos de toma de decisiones y tus pensamientos inconscientes. El trauma hace que tu cerebro se sienta inseguro, y cuando tu cerebro se siente inseguro, se enfoca en protegerlo del dolor futuro, porque ese dolor podría amenazar tu supervivencia. Incluso en circunstancias que no suelen causar ansiedad, es posible que comiences a sentirte amenazado, incluso si no puedes explicar lógicamente por qué. Cuando pasas por un trauma, tu cerebro tiene una respuesta de estrés, y esa respuesta de estrés reacciona al trauma cambiando tus comportamientos futuros en un intento de protegerlo.

La respuesta al estrés involucra áreas del cerebro, incluida la corteza prefrontal, el hipocampo y la amígdala. Estas áreas experimentan cambios persistentes cuando se someten a la intensa presión del trauma. Como resultado, la forma en que tu cerebro procesa la información cambia cuando experimenta un trauma. Tu amígdala se vuelve más activa. Esta parte de tu cerebro es responsable de tus reacciones de lucha o huida y, cuando está hiperactiva, puede hacerte sentir como si estuvieras en peligro en situaciones no peligrosas.

Te mantienes en guardia porque quieres evitar que cualquier amenaza potencial se te acerque sigilosamente.

. . .

Cuando tu amígdala se vuelve más activa, tu puedes ser más propenso a sentirte estresado y el hipocampo, la parte de tu cerebro que maneja los recuerdos a corto plazo, puede volverte menos activo. Como resultado, es posible que te cueste diferenciar entre las cosas que te sucedieron en el pasado y las que te están sucediendo actualmente.

Finalmente, la precorteza puede encogerse y, cuando lo haces, tienes problemas para manejar tus emociones y regular tus pensamientos. Muchos de estos cambios se pueden encontrar en personas que tienen trastorno de estrés postraumático (TEPT), pero cualquier persona con trauma puede experimentarlos en menor grado.

Por razones obvias, el trauma hace que sea difícil para ti estar mentalmente saludable, pero también lo hace físicamente saludable. Cuando tu salud física decae, esto crea causas adicionales de ansiedad, estrés y depresión. Por lo tanto, no sólo tu salud mental puede empeorar tu salud física, sino que tu salud física puede hacer que tu salud mental, empeore. La Asociación Canadiense de Salud Mental informa que las personas con depresión tienen tres veces más probabilidades de tener dolor crónico que las personas sin depresión.

· · ·

Las personas que tienen dolor crónico tienen el doble de probabilidades de tener ansiedad o un trastorno del estado de ánimo. La salud mental y física a menudo dependen una de la otra, razón por la cual las correlaciones entre las dos son tan importantes.

Según las estadísticas, es más probable que experimente problemas de salud como enfermedad pulmonar obstructiva crónica (EPOC), enfermedades cardíacas, presión arterial alta, cáncer y diabetes cuando tiene un trauma. Todas estas condiciones pueden reducir la calidad de vida o la longevidad, lo que puede crear aún más malestar mental. Esa turbulencia psicológica puede llevar a que tus condiciones físicas empeoren. Puede ver cómo estas situaciones pueden volverse rápidamente sombrías para quienes las experimentan. Sin embargo, al abordar tu trauma, puedes reducir la potencia de algunos de estos problemas.

El trauma, desafortunadamente, es una parte normal de la vida. Para muchas personas, es un desafío manejarlo, pero no es nada de lo que avergonzarse. Usando las estrategias de este libro, puede aprender a tomar conciencia de tu trauma y quitarle el poder que tienes para controlar tu vida.

· · ·

Técnicas simples como escuchar música, establecer una dieta saludable y una rutina de ejercicios, practicar la meditación y admitir que tienes un trauma son solo algunas de las técnicas más básicas que puedes usar para recuperarte.

La recuperación de un trauma es dolorosa, pero es una de las cosas más importantes que puedes hacer por tu salud porque superar el trauma te permite sanar tu cerebro y enseñarle nuevos patrones.

Obtén Ayuda Profesional

Antes de hacer nada, debes buscar ayuda profesional. Ver a un médico o a un profesional de la salud mental puede ayudar a garantizar que cuentes con un sistema de apoyo para ayudarlo a mejorar.

Si bien las técnicas de este libro pueden ayudarte a mejorar tus niveles de estrés, ansiedad y depresión, algunas personas aún necesitarán apoyo profesional para ayudarlos a alcanzar tus metas. Además, para algunas personas, estos problemas pueden estar relacionados con la química de tu cerebro, lo que puede requerir medicación. Para tener una experiencia de recuperación satisfactoria, debes adoptar un enfoque holístico que te asegure

lograr resultados duraderos y puedas aprender habilidades de afrontamiento que moldearán el resto de tu
vida.

Conclusión

Gracias por llegar hasta el final de este gran libro. Esperemos que haya sido informativo y capaz de brindarte todas las herramientas que necesitas para lograr tus objetivos, sean cuales sean.

Sanarás. Seguirás adelante. Te volverás más fuerte a pesar de tu dolor. No se siente así en este momento, pero todos los que alguna vez han pasado por el proceso le dirán que mejora. Perder a alguien que amas nunca será un proceso fácil de manejar, pero no es un proceso imposible de superar.

La curación comienza en el momento en que dejas de huir de tu dolor. Lucha contra el impulso de hacerlo porque, al igual que huir de tus problemas, tratar de huir del dolor nunca va a ayudar. Identifica tus emociones y permítete sentirlas. No tienes que tener miedo ni sentirte culpable por ninguna emoción que sientas durante este tiempo, incluida la ira. Abraza tu sufrimiento.

No hay necesidad de tratar de razonar o justificarlos. Todo lo que tienes que hacer ahora es aceptar la forma en que te sientes. No importa la emoción que sientas, déjala salir. Deja que fluya de ti como una inundación si es necesario. Las emociones embotelladas nunca le harán ningún bien a nadie. Habla con un amigo o familiar, escribe en un diario, busca la ayuda de un consejero o terapeuta si es necesario. El punto es que necesitas hacer lo que sea necesario para procesar y trabajar adecuadamente con tus emociones. El ejercicio liberador de procesar tus emociones eventualmente te dará una sensación de alivio y perspectiva mientras viajas hacia el final de tu proceso de duelo.

A medida que superes las etapas del duelo, recuerda ser paciente contigo mismo. El duelo y la pérdida son una herida emocional de la que necesitas sanar y, al igual que las heridas físicas, requerirá tiempo para sanar adecuadamente.

La sanación emocional es el proceso que debe ocurrir gradualmente ya su propio ritmo. Cada persona es diferente. Algunas personas pueden pasar por etapas de duelo en los próximos seis meses, mientras que otras pueden necesitar un poco más de tiempo antes de volver a sentirse como ellas mismas. No importa cuánto tiempo necesites para sanar. Lo único que importa es que sane. Eso solo puede suceder si te permítes tomar todo el tiempo que necesites para superar tus etapas de duelo. Este es un momento muy doloroso y traumático por el que estás pasando, y lo último que deberías preocuparle es tratar de acelerar el proceso.

Ignora la presión de tratar de superar tu dolor lo más rápido posible. Ignora el consejo de "seguir adelante" que sin duda escuchará varias veces en el camino. No tienes que forzarte a ti mismo a hacer algo para lo que no estás preparado. Tu proceso de duelo es exclusivo de tu propia experiencia, y nadie nunca va a entender cuánto dolor está pasando. Todo lo que pueden hacer es decir lo que creen que va a ayudar. No existe una forma sencilla de superar su pérdida rápidamente, e incluso con las técnicas de este libro, aún llevará tiempo antes de que se sienta como antes. Nunca lo "superarás" o "seguirás adelante" con tu ser querido, y tampoco tienes que hacerlo.

La profundidad del dolor que sientes es el precio que pagas por el amor. Ese inmenso dolor que sientes es un reflejo de lo mucho que esta persona significó para ti. Refleja el alcance de tu amor, y no deberías tener que sentirte apurado para superarlo. La verdad es que nunca los "superará" por completo y serán una parte permanente de tu vida. Continuarás hablando de ellos por el resto de tu vida y recordarás los recuerdos que compartiste. Así es como siguen siendo parte de tu vida mucho después de que se hayan ido.

Cuando alguien a quien amas se va para siempre, la culpa es una parte normal del proceso. Piensas en todas las cosas que desearías haber hecho o dicho. Es posible que te sientas culpable porque puedes sentir que no los amabas tanto como deberías haberlo hecho cuando estaban vivos. Piensas en todas las cosas que cambiarías ahora mismo si pudieras volver a tenerlas en tu vida.

Si hay algo que puedes sacar de tu proceso de duelo, es esto: la vida que compartiste con tu ser querido fue perfecta tal como fue. Ellos saben cuánto los amabas, incluso si parece que no lo expresaste tanto como deberías. Ellos te amaron tanto como tú los amas, incluso si nunca lo dijiste. Esa es la belleza de las relaciones humanas. Entendemos cómo se sienten los que amamos, y no necesitamos ponerlo en palabras todo el tiempo. El hecho de que sigas pensando en ellos años después de que se hayan ido es una prueba de lo real que era el amor.

Tu ser querido nunca se irá realmente porque siempre será parte de tu vida por el resto de tu vida. Tu cuerpo puede haberse ido, pero tu espíritu vivirá para siempre en los recuerdos que construyeron juntos. Los que amas vivirán para siempre porque continúan sobreviviendo en los recuerdos de las personas que dejaron atrás. Ese es el legado de amor que te dejaron. Las conversaciones que tuviste con ellos permanecerán para siempre en tu mente, y seguirás pensando en ellos y sintiendo su presencia. A través de los dilemas, alegrías, felicidad y tristezas ahora y las que están por venir, las personas que amas serán a tu lado en espíritu mientras sigamos manteniendo vivo tu recuerdo en nuestros corazones para siempre.

Muchos de nosotros operamos con nuestra programación temprana, que nos dice que veamos la vida como un conjunto de restricciones en las que debemos operar. Pero no tiene por qué ser así.